JN160406

超解 文章が面白いほど上手に書ける本

カリスマ文章指導者 吉岡友治

あさ出版

はじめに

■自分の気持ちを素直に表すことはいいことか？

この本では、自分の考えを明確に伝えるための技術を伝授します。現代では働き方や生活の仕方が多様化したため、自分の思いや考えは、そのまま相手に伝わりません。「こんなに私は一生懸命なのに」「こんなに頑張っているのに」と思っても、その気持ちはまったく伝わらないのです。

よく「自分の気持ちを素直に表したのが、良い文章だ」と言われますが、「自分の気持ち」は、はじめから相手に伝えられる形に整理されているわけではありません。いろいろな感じが整理されないままに、何となくわだかまっているのが「気持ち」の実情ではないでしょうか？

そのまま分かってもらおうとすれば、ただの愚痴になる。相手は、面倒だなと思うだけ。あなたの「思い」に直接興味を持つ人は少ない。むしろ、相手が興味を持てそうな点にしぼって、すっきりとわかりやすく伝える必要があります。そうすれば、相手も協力して、今の困難を切り拓く見通しを提供できるでしょう。

■良い文章は、要点を絞る＋分かりやすい表現＋困難を切り拓く

でも、こう整理してみればお分かりのように、これほど多くの条件を満たす文章を書くのは、なかなか大変です。はじめから「すっきり分かりやすく書く」なんて、できるわけがありませんね。むしろ、「すっきり分かりやすく書く」ことは、いろいろな経験や訓練、あるいは失敗を重ねて、はじめて身につく技術なのです。

この本では、そういう失敗を、できるだけ経ないですむように、書くうえで役に立つコツを解説しました。すぐにすべてを修得できなくても、いくつかだけでも気にとめて書こうとするだけで、文章は見違えるように変わってくると思います。

文章は、けっして「気持ちを素直に表した」ものではありません。それでは誰も興味を持ちません。「気持ちを表している」ように見せるためにはそれなりの工夫や気遣いが必要なのだし、その工夫や気遣いを通じて、「ああ、私はこんなことを感じていたのか！」と、逆に、自分の気持ちに気づくものです。

さあ、やってみましょう！

２０１７年2月

吉岡友治

自分の気持ちを素直に表せばいい…わけではない

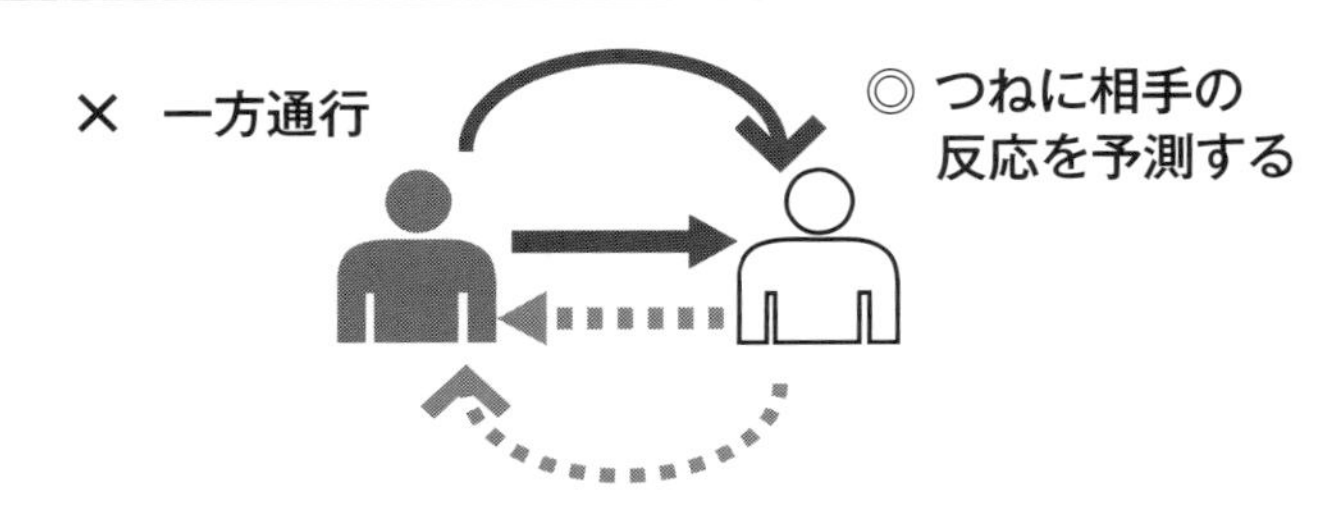

相手の反応を予測しつつ書ける技術

第5章	「なるほど！」と思わせる	・まとめの言葉が大切 ・共通性を探して検討
第4章	全体をすっきりさせる	・ポイントファーストに！ ・問題と解決の形が基本構造 ・論理は明確に
第3章	上手に見せる	・しりとり構造にする ・問題はハッキリさせる
第2章	整理する	・接続詞を活用する ・箇条書きはほどほどに ・ブラックよりホワイトを目指す
第1章	書く	・言い切る ・むやみに問いかけない

文章を面白いほど上手に書くための ヒ・ン・ト

ビジネスでも！　日常生活でも！　原理は同じ

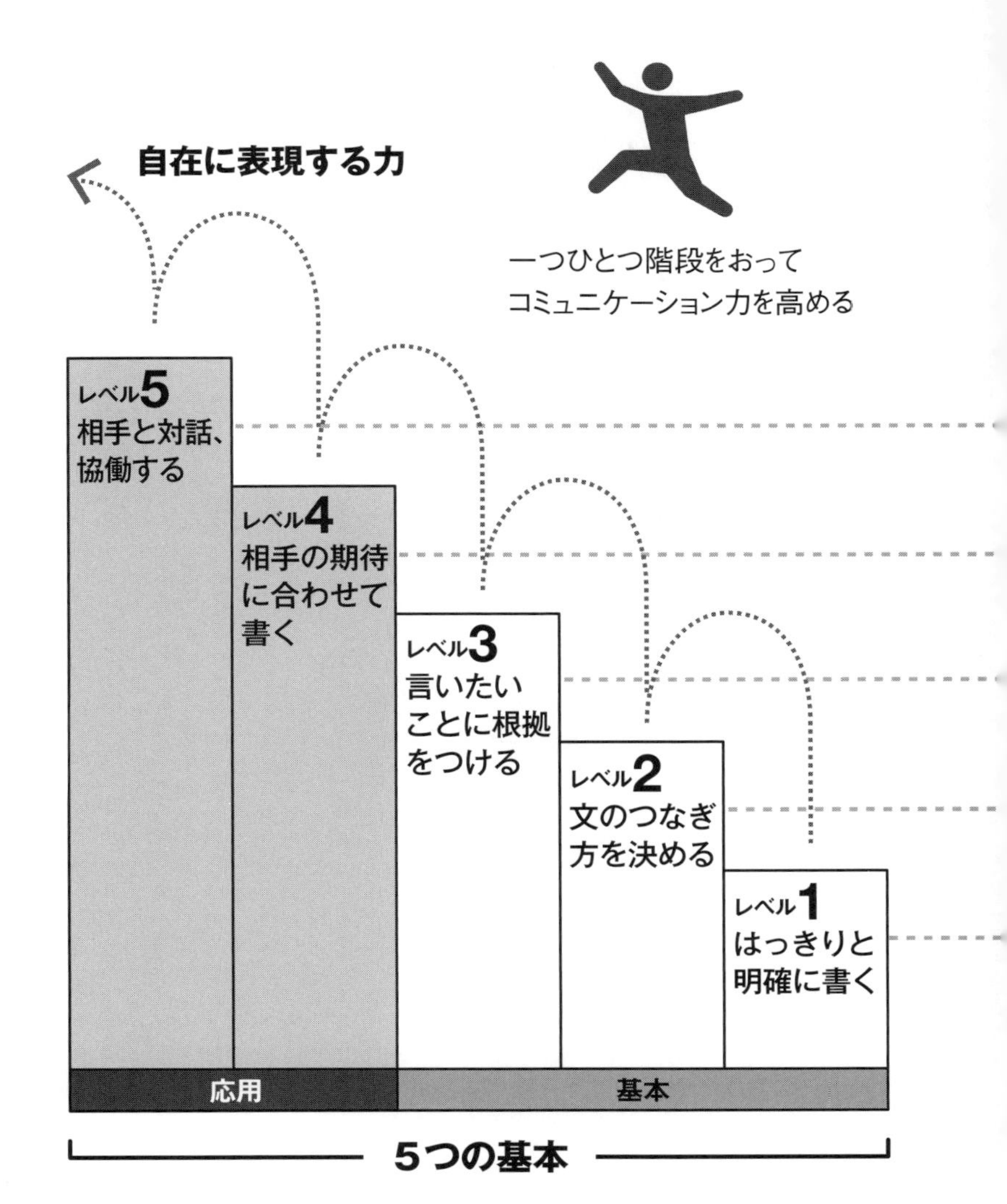

第1章 文を書く基本の基本

1 文とは「誰かが何かをする」こと

2 修飾は簡潔にする

第2章 文を整理する

第3章

文を上手に見せる

第4章

段落をすっきりさせる

第5章 「なるほど!」と思わせる

本文イラスト/長縄キヌエ

第 1 章

文を書く基本の基本

言いたいことだけを伝える

1 文とは「誰かが何かをする」こと①

いさぎよく言い切るのが基本

■勇気をもって言い切る

文章は、シンプルな言い方にすべきです。「…です」とか「…である」という**言い切りの形が基本**になります。「…ような気がする」とか「…かもしれない」などという不安やためらいも表現できますが、これらはなるべく使わない方がいいのです。

ためらう場合は「正直にその気持ちを出した方がいいんじゃないか？」と感じるかもしれません。しかし、それでも「最終的にはこうなんだ！」と言い切った方がいい。

■言い切って読者に判断を任せる

元の文 ▶	今の若者は、**ややひ弱すぎるような気がする**。注意するとすぐ凹む。
	↓
改善文 ▶	今の若者はやや**ひ弱すぎる**。実際、注意するとすぐ凹む。

■知りたいのは情報・判断

なぜなら、読む人には、書く人の「揺れる気持ち」など、どうでもいいからです。とくにビジネスに関わる場合は、とりあえず指針となる情報がほしい。それを元にして、自分が判断・決定していく。

たとえば、株の状況がこれからどうなるのか。情報を知りたい人に「こうも考えられますけど、ああも考えられます」などと詳細に可能性を挙げても「うざい！」と思われるだけです。多少ためらいがあっても「こっちが正しい」と言い切らないと、読む方が迷ってしまうでしょう。

■リスクをとる覚悟をもつ

これは、書いた人間が、失敗するかもしれないというリスクを引き受けることです。その覚悟は読んだ人に伝わる。だから「そうか、この人がこれほど言っているのだから、

■読者が、自分の言いたいことに同意するかどうかは、勝負である

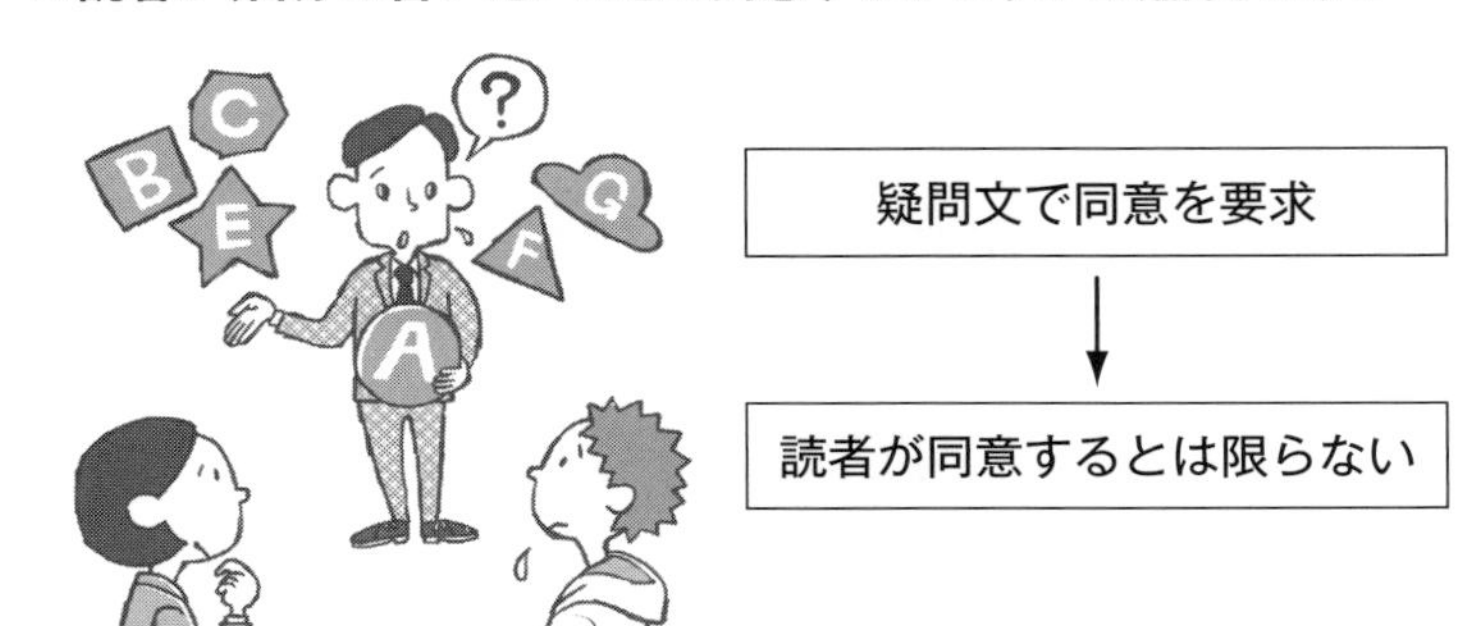

この可能性を考えてみるか」と参考にするわけです。

12ページ下欄の文例では「ような気がする」と気弱な発言になっています。これでは、読んだ方も困ります。むしろ「私の感じは違うかもしれない」というような疑問や不安を引き起こしかねない。せっかく、自分の気持ちを分かってもらいたいのに、これでは逆効果です。

■言い切った後に根拠をつける

もちろん「揺れる気持ち」が大切でないと言っているわけではありません。「これでいいのかな？　いやちょっと待てよ」とためらっているときは、考えなければいけない問題が残っているのです。

自分の気持ちが「なぜ揺れているのか？」を丁寧に考えていくと、いろいろ気がつくことがあるはずです。それなのに、その考えるプロセスを完結させないまま、読者に投げかける。これは、書き手として手抜きでしょう。

■言いたい内容と同意できるかどうか判断の材料となる裏付けを出す

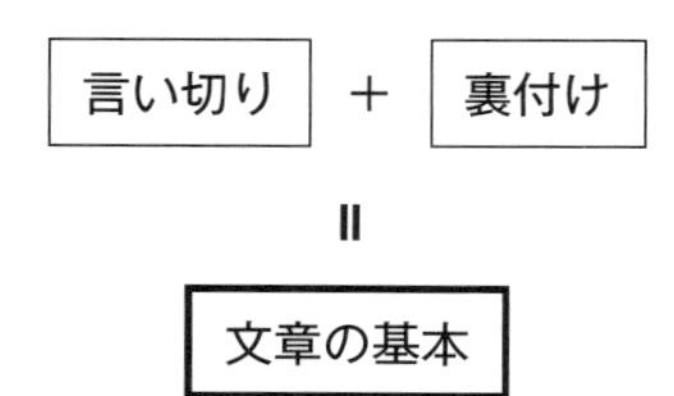

あなたが「こう思った」なら、とにかく、それを**まず言い切りの形で書く**。**後は**「どうしてそう思ったのか？」という**裏付けを書く**。改善例では「実際…」という形で、その裏付けを示しています。あなたはその裏付けを信じているから、「こうだ！」と言えるのです。

■判断は読者に任せる

でも、その裏付けが本当に信用できるかどうか、判断するのは読者です。読者が検討して、そのうえであなたの言いたいことを信じるかどうか決める。

「注意するとすぐ凹(へこ)む」若者を見たことがある人は、あなたの言うことに「なるほど」とうなずく。逆に、「凹まない」若者を知っている人は「違うよ」と否定する。あなたの裏付けが勝つか、読者の疑いが勝つか？　そういう勝負が、文章を読む人の心の中で行われているのです。

■裏付けを出して読む人の疑問を解消すれば、賛成してくれるかも

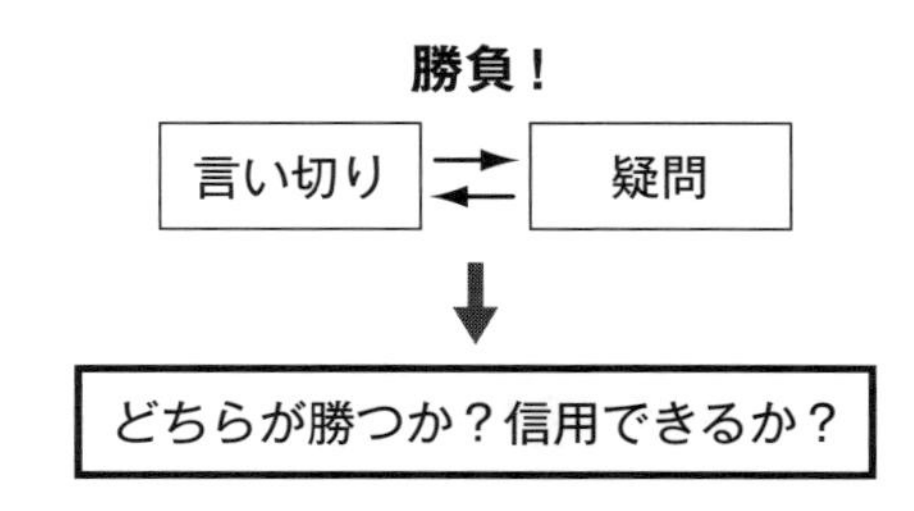

主語と述語をちゃんと出会わせる

■まず、主語と述語に分ける

文は主語＋述語という仕組みをとります。「…が〜である／する」という形で「…」のところを「主語」、「〜である／する」のところを述語と呼びます。

現実に起こっているのが「雨が降っている」ことだったら、「雨（が）」が主語で、「降る」が述語。**「何が何（を）する／何である」というアクションの形にする**のです。この主語と述語を見比べると、言いたいことは何かが分かるのです。

■主語の行き先はどこか？

元の文 ▶ このトンネルの驚異的な**長さは**、これまで世界一の長さを誇った日本の青函トンネルよりも2マイル長い。

↓

改善文① ▶ この**トンネルは**、これまで世界一の長さを誇った日本の青函トンネルよりも2マイル長い。驚異的な長さなのだ。

■現実は文の通りにはいかない

でも、現実はけっこう複雑なので、必ずしも、この形にいつもハマってはくれません。とくに、複雑な内容を表そうとすると、言いたいことと文の形がずれてくる、ということが起こります。

たとえば、前ページ下欄の文例では、内容は理解できなくはありません。「このトンネルの長さは」から始まるので、話題は「長さ」です。「驚異的な長さ」だから、すごく長くて、今まで世界一の長さの「青函トンネルよりも2マイル長い」。うん、分かるか分かる。でも声に出してみると、何だか変な感じがします。なぜでしょうか？

■「長さ」は長いか？

それは「何が何をするか」というアクションがずれているからです。元の文を、主語と述語に分けて考えてみま

■「〜が…する」という形で、複雑な現実を整理する

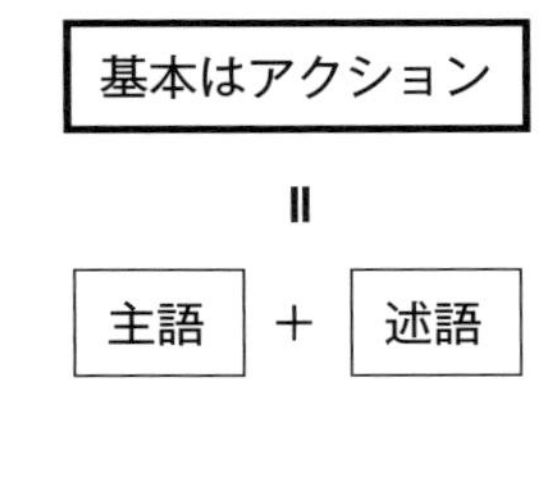

しょう。まず、主語は「(このトンネルの驚異的な）長さは」、述語は「2マイル長い」です。それらを直接つなげると「驚異的な長さは、2マイル長い」。

「長さは××マイルである」「このトンネルは長い」ならいいのですが、「長さは長い」はおかしい。だから、まず「長さは××マイルであって」と長さを単位で示してから「2マイル長い」とするか、「このトンネルは…と比べて2マイル長い。驚異的な長さなのだ」とすべきでしょう。

■主語と述語を出会わせる

主語と述語は、ちゃんと出会っていないと、おかしくなります。主語が言われたら、まず聞き手は「それでどうなるか？」と疑問を持ちます。それに答える形で述語「～である／する」が次に出てきます。だから、二つが出会っているかどうかは、元々の対話に戻して、答えがずれていないか確かめればいいのです。

■主語と述語がきちんと対応しているかどうか確かめる

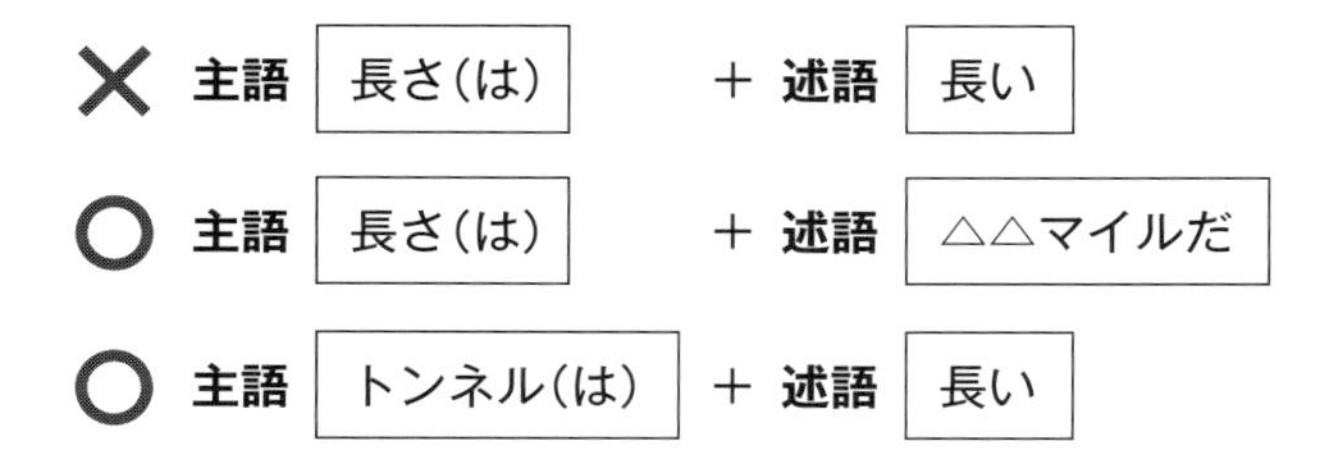

たとえば、ふつう「長さは（どれだけ）？」と聞かれたら、1メートルとか10マイルとか単位で答えますね。それに対して「長い」と答えるのは、「長いのか、それとも短いのか？」と聞かれた場合でしょう。

「長さは（どれだけ）？」と聞かれたのに「長いです」と答えたら、おかしいですね。問われている中心である「どれだけ？」に対して、きちんと答えていないからです。

■問いと答えの形で確かめる

話題にちゃんと対応させて答えるなら主語と述語が対応し、話題と答えがずれると主語と述語が対応しなくなる。でも、文が長くなると、元々問われていることが分からなくなって、対応が曖昧になります。このような**主述の対応の間違いは他人からは見えやすいけど、自分からは、なかなか見えにくい**。基本中の基本なので、気をつけましょう。

■問いと答えの形に戻してみると、対応しているかどうか分かる

✕「長さはどれだけ？」「長いです」

○「長さはどれだけ？」「△△マイルです」

○「長いの、それとも短いの？」「長いです」

思ったことに「思う」は要らない

■意見の仕組みを理解する

ビジネス現場で必要とされる文章は、だいたい意見を書きます。意見とは、ある問題に対して「自分ならこう考える」と、自分なりの解決を示すことです。だから、「意見を書け」と言われると、下欄のような文章を書く人が多い。

意味は明瞭です。「ナレッジワーカー」がやや謎ですが、それは、これから説明するつもりでしょう。だから、これでも「全然ＯＫじゃないか」と考える人もいるかもしれません。でも、これは「ありがちなダメ文章」なのです。

■簡潔な文を作ることを心がける

元の文 ▶	企業における「良い現場」とは、一体なにを意味するのか？私はナレッジワーカーが存在する**組織だと考える**。
	↓
改善文① ▶	企業における「良い現場」とは、ナレッジワーカーが存在する**組織である**。

どこがダメなのか？「私は…と考える」といちいち宣言していることが余計なのです。意見を言う文章だと分かっていれば「これが私の考えたことです」と述べる必要はない。**考えた結果だけを意見として書けばよい**のです。

■文章は簡潔なほどいい

日常で使われる実用的な文章は**簡潔さ**、つまり短くて内容を尽くしていることが何より大事です。必要なのは**情報と、その分析と、それから導かれる判断の三つ**。それらが、なるべく効率的にすらすらと伝わるようにすべきです。

だから、言わなくてすむことは、いちいち説明しない。ここも、「企業における『良い現場』とは何か？」と聞かれたのですから、「こういう現場です」と簡潔に答えればいい。いちいち「これは私の意見ですが…」とことわる必要はないし、そんなことを言うと、かえって間が抜けて見えます。

■問題に対して「こうせよ」「これは〜だ」と答えを出す

意見

＝

問題に対する自分なりの解決

■説明は言い訳ではない

そもそも「私は…考える」といちいちことわりを入れなければならない状況とは、どんなときでしょうか？　たとえば、上司のお供で、ある会議に出席したとしましょう。自分は正式メンバーではないので、発言することは期待されていません。むしろ、意見を言ったら「差し出がましいことをするな」と怒られるかもしれない。

そういう場合なら、「あえて私の意見を言わせていただくなら…」とおそるおそる言い出すことになります。つまり、あまり意見を言うべきでない、あるいは言うことが期待されていない状況で、それでも意見を言いたいときなら「私は…と考えます」ということには意味があるでしょう。

■分かっていることは省略する

でも、そうでないなら、いちいち「私は…と考えます」

■簡潔にするには、もう分かっていることは省略していい

と言う意味はありません。同様に、文章でも、もう分かっていることはどんどん省略していいのです。

たしかに、会社や企業では上下関係が大事です。上司は、部下を評価したりクビにしたり、生殺与奪の権利を握っているからです。でも、企業は思ったより、開かれた組織でもあります。むしろ、家庭や学校・地域などより、実績を重んじるだけオープンかもしれません。上司だって迷うときは「君はどう思う？」と聞いてくる。それに対して「私が思いますには…」なんて始めるのは、時間がもったいない。

■ 率直な意見と簡潔な内容

聞きたいのは判断だから、意見を言うときは「…です」「…ではありません」と単刀直入に述べる。「なんでそういうことを言うんだ？」と問い返されたら「なぜなら…からです」と根拠を答えればいい。率直な表現を使って簡潔に言うのが一番なのです。

■大切なのは意見の内容であり、形式に時間と手間を取らない

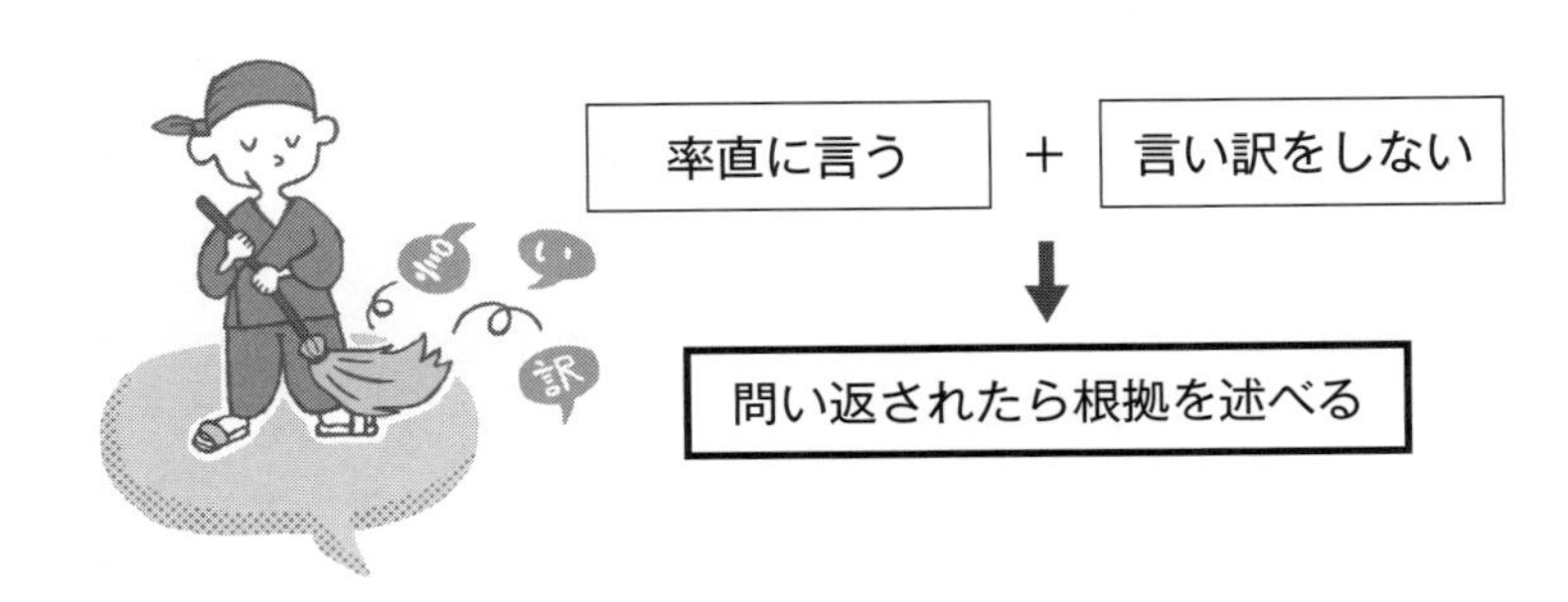

1 文とは「誰かが何かをする」こと④

むやみと読者に問いかけない

■答えが決まっている疑問

「おそるおそる言う」という点では**「…ではないだろうか？」という問いかけの表現**も同様かもしれません。これは修辞疑問文という難しい名前がついています。

でも「…ではないだろうか」と問うているのですが、それに対する読者からの答えは、はじめから決まっています。「…である」しか期待されていないのです。これでは、疑問の意味はありません。

実際「我が社では、体験型レジャーに対する取り組みが

■もってまわった表現は避ける

元の文 ▶ 我が社における体験型レジャーに対する取り組みは、**不十分ではないだろうか？**

↓

改善文① ▶ 我が社では、体験型レジャーに対する取り組みが**不十分である。**

不十分ではないだろうか？」と問いかけて「そんなことはない！」と言われたら話はそれで終わりで、先には進められません。「不十分ではないだろうか？」「ふむ、そうかもしれないな」と言ってくれる人がいるから、その先を続けられるのです。

■反対意見を無視する技法

でも、本当にその想定通りに進むのでしょうか？　人の意見も反応もいろいろ。「取り組みはもう十分」という声もあれば、「不十分かもしれない」と反省する声もある。思いもよらない反応をしてくるのが人間です。

それなのに「不十分かもしれない」という答えしか想定しないで、先に進めようとするのは、ちょっと傲慢で、強引な感じがしませんか？　これも修辞疑問文ですね。期待される答えは「強引だね」一択のみ。ホント、強引です。

その意味で、この「…ではないだろうか？」は、甘えた

■答えが決まっている疑問には意味がない

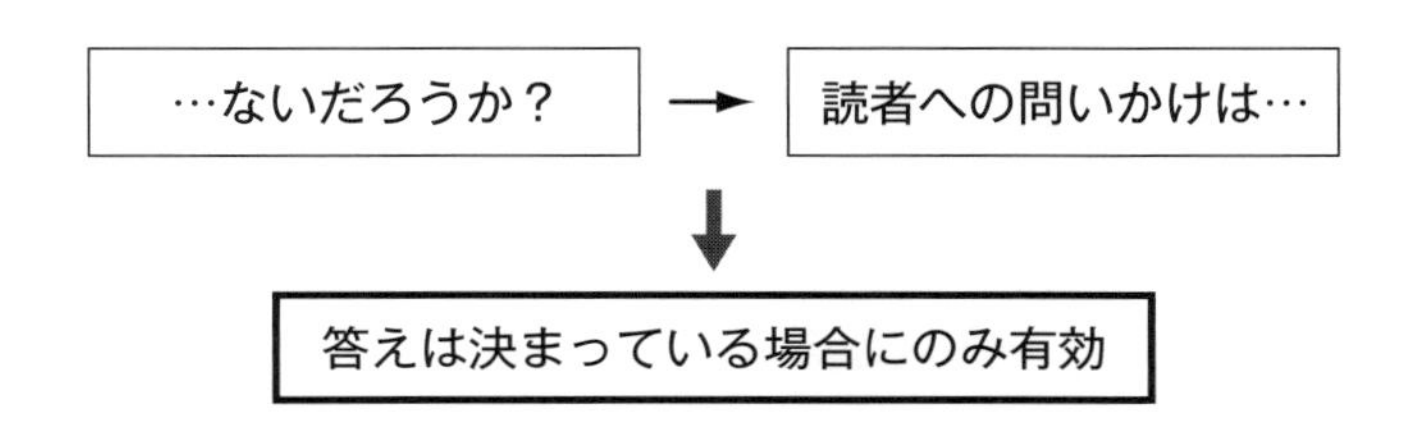

声で「ねえ、そうですよね？」と相手の同意を前提にしているようで、実は「君が何を考えているかはとっくに分かっているんだよ」とエラそうに見下しているニュアンスが含まれています。まことに始末に困る表現ですね。

■脅かしの表現も混じる

それどころか、この表現の前に「本当に…」とくっつければ「脅迫」の意味すら出てきます。「本当にそうなの？」と確認されて、一瞬ひるまない人はいないでしょう。「ゼッタイ本当だよ」と強気で言い返すのは簡単ですが、そこにずしりと「責任」がのしかかる。

「どうだ？　この責任を担うつもりがあるのか？」と迫って、さらに「もし間違えたら、その罰も受ける覚悟があるのだろうな？」というニュアンスもあります。相手を追い詰めなきゃいけない場合には有効かもしれませんが、そんなに相手を圧迫しなきゃいけない場合は多くありません。

■「本当に？」と迫るのは、相手の責任を問う表現である

部下：「体験型レジャーに対する我が社の取り組みは不十分です」

上司：「**本当に**そうかな？　どうしてそう思うの？」

部下：「なぜなら、…だからです。つまり…」

本当に…か？ → 責任を迫る圧迫表現

■ 率直でシンプルな表現にする

前項で言ったように「率直でシンプルな表現」を心がけるのなら、こういう、もってまわった言い方、しかも失礼になりかねないような表現はさっさとやめて「…です」とか「…である」と言い切った方が簡単だし、相手との関係も面倒くさくならないはずです。

自分の意見を言いたいのなら、一つひとつ順を追って丁寧に説明して述べていけばいい。たとえ、反対意見を言われるようなことがあってもひるむ必要はない。ごまかしたり無視したりすると、かえって紛糾します。

つまり、**淡々と説明していくのが、他人とのベストの距離の取り方**なのです。平明で、率直な表現を心がければ、それだけで基本的に十分相手に伝わるし、あなたの好感度も増すはずなのです。

■どちらの戦略をとるのか？　へりくだりすぎない

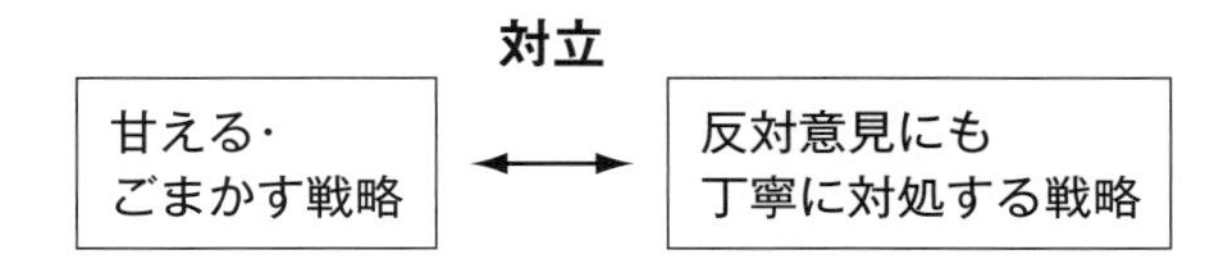

2 修飾は簡潔にする①

長い修飾はじれったい

■情報は一文に一つ

修飾とは「文章の飾り」という意味ですが、その働きは、文に多様な情報を付加することです。たとえば「上司は外出中です」に「上司は緊急の業務で外出中です」と修飾を付け加えると、なぜ外出中なのか分かる、という仕掛けです。

この手法は便利なのですが、やりすぎはいけません。たとえば、下の元の文では、この話のどこが焦点なのかが瞬間的に分かりにくい。「取引先O社」なのか、それとも

■言いたいことを限ると伝わりやすい

元の文 ▶ 部長は、**取引先のO社から午前中に連絡の入った××の問題に緊急に対応すべく、ただいま外出いたしております**。

↓

改善文① ▶ 部長は、**ただいま緊急に外出しております**。**取引先のO社から、午前中に××の問題について連絡が入ったのです**。

「××の問題」が大事なのか、「緊急に対応」あるいは「外出中」という説明をしたいのか、いくつもの情報が同時に提示され、どこを主に伝えたいのか、が全体の中で埋もれてしまうからです。

■ 話の焦点をはっきりさせる

こういう場合、一文にあまりたくさんの情報を入れ込みすぎない方がいいでしょう。**一文に盛り込む内容・情報を限定**して、いちどきに理解してもらう分量を減らし、それらをつなげて全体を作る。そうすると、読者は一つひとつの文で納得しつつ、先に進むことができるので、理解が深まります。つまり、情報の多さとその明確さは両立しない傾向にあるわけです。

改善文①では、内容を二つに分けています。まず「緊急」という言葉が飛び込んできて、それから「外出」が出てきます。「あ、今いないんだ」と分かる。せっかく「部

■重要な情報は前に出して、注意を引きつける

> **改善文②** ▶ **取引先のO社から**連絡が入ったのは、××の問題です。直属の上司は、その問題に緊急に対処すべく、ただいま外出しています。

長」とアポイントメントを取ったのに、今日は無駄足だった、と分かる。続けて「取引先O社から連絡」という細部が耳に入るので、そういう事情なら仕方ないな、と了解することになります。

こんなふうに、情報を整理して重要度に応じて順序よく伝えると、理解もしやすくなるはずです。切迫感まで伝わってくる感じがしますね。原則は、**重要度が高い情報ほど冒頭に出す**ことです。だから、前ページ下欄の改善文②では、大事なところは「どこから連絡が入ったのか？」です。それに対して「誰が対処しているか？」は二の次の内容になる。

■説明するときには、とくに注意する

何かをくわしく説明しようとすると、必然的に情報量が多くなります。でも、いろいろな情報をいっぺんに出すと、何が何だか分からなくなる。だから、最初に何を伝え、そ

■まず話題を先に出し、それから細部の情報を続ける

元の文▶ 郷里O地方にある慣習で、「供養絵額」というお葬式が出た際に遺族や友人らが菩提寺に奉納する絵画があります。

↓

改善文▶ 郷里O地方には「供養絵額」という慣習があります。これは、お葬式が出た際に遺族や友人らが菩提寺に奉納する絵画です。

れに基づいて、次に何を伝えるか、情報の理解しやすさや重要度を整理して、順序よく伝えていく必要があります。

前ページ下欄「供養絵額」について、元の文では情報がいっぺんに出てきます。でも、**改善文では、場所→名前→内容説明**、という順序になっていく。つまり、話の内容がだんだん細かくなっていくわけです。このように情報を切り分けて、一つずつ伝えていくことで、読む方は納得しながら進めます。だから、文章も理解しやすくなるわけです。

■情報を限った方が目移りしない

説明しようとすると、なるべく間違いを少なくしようと思って、つい情報をたくさん出せばいいと思い込みやすいのですが、それでは情報が混乱して、かえって読みづらくなります。**情報の一つひとつをくっきりと際立たせ、芋づる式に次々と表す仕組みにすべき**なのです。

■大事な情報の順に並べると理解しやすい

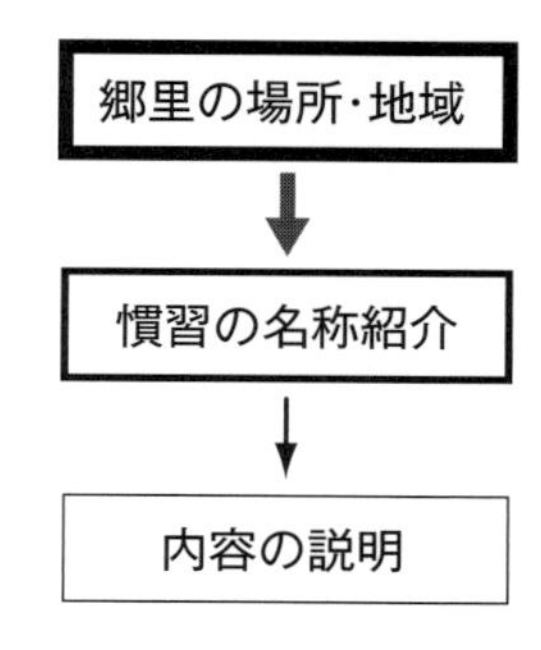

2 修飾は簡潔にする②

「とても」だけではすごくはならない

■強調表現は役立たず?

「とても」や「すごく」は、強調表現と言われています。これらをつけると、言いたいことを強調することができる、と思われています。でも、**実際に強調を使ってみると、なかなかうまくいかない。**

たとえば、下の文例は、飼い犬が死んでしまったという状況のようですね。ペットは家族と同様で、死んでしまうと「ペットロス・シンドローム」なんて言葉もあるくらい、大きな痛手だそうです。だから「悲しい」のは当然だし、

■強調しただけで安心しない

元の文 ▶ 昨日、15年飼っていたポチが死にました。とてもとても悲しかったです。

↓

改善文 ▶ 昨日、15年飼っていたポチが死にました。**主人が亡くなったときも私のそばにいて、心の支えになった犬です。獣医さんの判断で肝臓が悪いことが分かり「あと1カ月」と言われました。**

その痛切さを何とか伝えたい。でも「とても」や「すごく」をつけただけでは痛手は伝わりません。実際、下のように「すごく」を使って書いてみると、まるで小学生の作文みたいですね。「悲しさ」より、むしろ「たどたどしさ」の方が伝わってきます。

■「とても」の元々の意味

「とても」は元々「とてもかくても」、つまり「こうであっても、ああであっても」「どのようにしても」から出てきました。つまり、背後にさまざまな事情が隠されている。その事情の結果として、痛切な感情が出てきている、というわけです。

聞いている方／読んでいる方が、その事情に通じている場合は、いろいろ想像して「なるほど、そうなんだろうな～」と共感できる。とくに、その人を目の前にしている場合は、ため息をついたり、つらそうな表情をしていたり、

■強調表現を使っても、心情の深さは表せない

昨日、15年飼っていたポチが死にました。**すごく**悲しかったです。

表情や様子から、直接「つらさ」が感じ取れるでしょう。

しかしながら、何も手がかりがないまま文章を読むと、その「つらさ」の成り立ち方がよく分かりません。長いこと一緒にいたからなのか、可愛い犬だったのか、それとも…。書く人の表情や様子が直接読み取れないからなおさらです。

「どういうふうに（つらいのか）」「どのくらい（つらいのか）」「どうして（つらいのか）」など、その「つらさ」の成り立ち方や背景を説明しないと「ああ、それは悲しいはずだよね…」と感情移入できないのです。

■理解のための手がかりを作る

こういう場合は、聞き手／読み手が、自分で感情を想像できる手かがりを作っておかなければなりません。つまり、ペットと一緒にいた年月、記憶に残った事件など、手がかりになりそうな材料を並べておく。そうすれば、事情がよ

■成り立ち方や背景はしっかり説明する

く分からなかった人も「ああ、なるほど。そういう事情だったのか！」と思えるようになる。たとえ動物が嫌いでも、交流の歴史を知れば、感情は動くはずです。

実は、これは人間の場合も同じです。お葬式で、弔辞が読まれますが、よく聞いてみれば、その人が亡くなって悲しい、というだけでなく、その人の人柄を表す個人的なエピソードが必ず述べられます。そういう細部が充実してこそ、「ああいうすぐれた人を亡くして残念だ」という思いも湧いてくる。

個人の感情は、他人には直接伝えられない。しかし、その**感情が起こった環境を共有すれば、他人もだいたい同じように感じられる**。とくに文章の場合は、声調や息づかいがないので、いっそう、その事情に注意する必要があります。強調語を多用して力むのではなく、心情が起こった周囲の事情を描写して共有してもらう方が、ずっと伝わりやすくなるのです。

■「とても」「すごく」は、あくまでも息づかいの表現

へりくだりすぎは印象を悪くする

■ 敬語表現は使いすぎない

「日本語の敬語表現は難しい」とよく言われます。たしかに、丁寧語・尊敬語・謙譲語などの種類があり、それぞれの使い分けも複雑です。だから「敬語をどう使ったらいいか?」については、たくさん本もあるし、学校の国語の授業でも「敬語の使い方」は最重要事項の一つだと見なされています。

しかし、意外なことに、文章を書く時は、よほど特別な場合でない限り、**敬語はシンプルな方がうまく伝わる**ので

■敬語は重要だが、使いすぎない

元の文 ▶ 勉強の土台をつくる教師に**なりたいです**。私立出身で受験経験は**ありません**が、教える情熱は負けておりません。生徒ととことんつきあう教師を**目指したいです**。

↓

改善文 ▶ 勉強の土台をつくる教師に**なりたい**。中学で数学が分からなくなった時、放課後、先生が質問をうけてくれたおかげで得意科目になった。彼を**目指して頑張りたい**。

す。たとえば、よく言われるのが、志望（志願）理由書の場合です。「読む相手は目上の人なのだから『ですます調』を使うべき」と思い込んでいることが多い。実際、こんなことを書く「志望理由書の書き方」の著者もいます。

読む方にとっては「ですます」の方が、受験申込書や面接カードではオススメです。「だ・である調」の常体で書いてくると「何をエラそうに」と思っちゃう。

志願理由書を読む側の本音

こういうことを言われると、受験者は脅（おび）えて「ですます」を使わなきゃ、と思いがちなのですが、読む方の立場になって考えてください。志望／志願者はたくさんいて、理由書もたくさん読まなければなりません。それらから、いちいち「敬意」を表されても、だんだん無感覚になるのか普通です。

いくつも見ているうちに「敬意表現」なんかどうでもい

■書き言葉で敬語を使うと、内容を書くスペースが減る

いから「スキル・能力がある証拠を見せてくれ！」という気になるはずです。普通の表現でいいから「自分はこういうことをやった」「こういう能力がある」とストレートに言ってほしい、と思うのが、自然な心理でしょうね。

■いくら言い訳しても始まらない

36ページ下欄の文例は、学校の教師になりたいという人の「志望理由」の一部です。元の文は、全体で「ですます」調を使っています。それに「たしかに…ですが…」などと「へりくだり」表現も欠けていません。でも、これで読む相手に対する丁寧や敬意という感じが出ているでしょうか？　たいして効果ありませんよね。

改善文では、その「へりくだり」や丁寧表現の代わりに、自分の「教える」イメージや教師の理想を説明した方が、この人がどういうふうに教えようとしているのか、どんな仕事をしようとしているのか、イメージがつかめます。志

■文章では、むしろ内容に集中したい

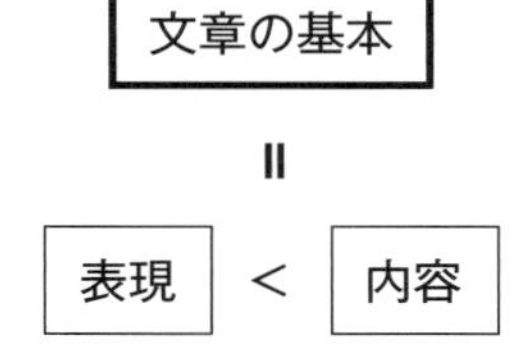

望理由書としたら、こちらのスタイルの方が分かりやすいでしょう。

■話し言葉と書き言葉の違い

謝罪文でもない限り、**「へりくだり」や丁寧表現は使いすぎない方がいい**のです。こういう敬意表現は、元々話し言葉のなかで使われていて、いくら使っても、それほど時間がかかるものではありません。内容もちゃんと伝わります。

しかし、書き言葉では、長い表現はスペースの問題に直結します。「へりくだり」や丁寧表現を使うと、その分、内容に集中するスペースが少なくなります。

つまり、書き言葉では、内容と敬語はトレード・オフの関係にあるわけです。どちらかを優先すれば、どちらかは軽んじられる。文章では内容を主に、表現はシンプルに、という原則を守るべきでしょう。

■書き言葉では、内容が伝わることを最優先する

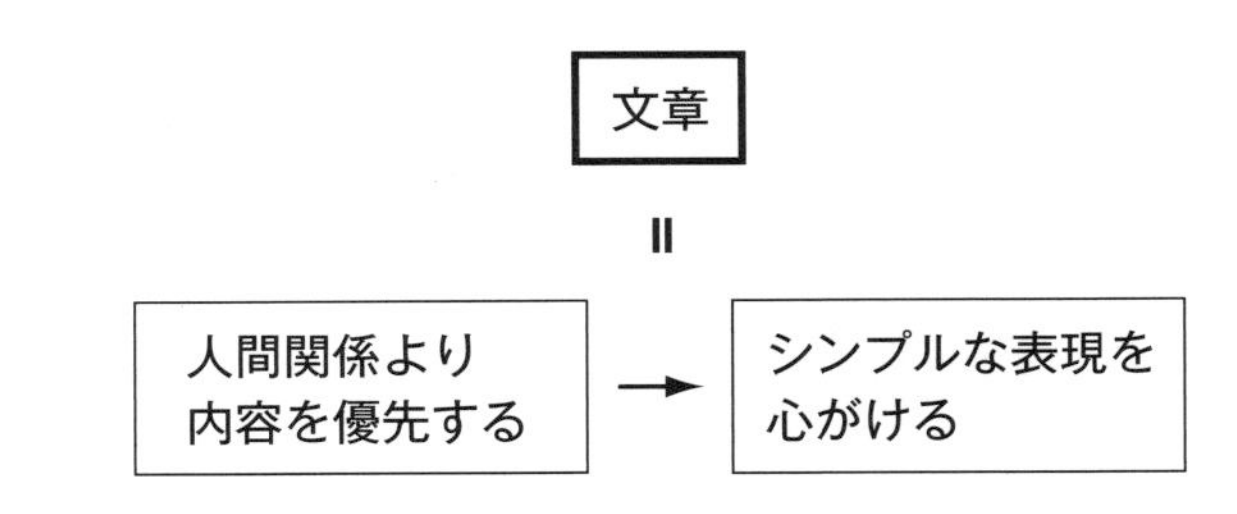

COLUMN 1

カギカッコは強調ではない

小学校で「カギカッコは強調」と教えられた人も多いようです。でも、それは間違っています。

> これが、アメリカの「正義」なのである。

この「正義」には不穏な感じ、むしろ、正義に値しない行為が含まれている感じがします。それをごまかすために「正義」という言葉が用いられている、そんな感じが漂います。以下のようにすると、この事情がハッキリします。

> 地雷をまき散らして子供を傷つける。これがアメリカの「正義」なのだろうか。

つまり、カギカッコをつけると、「一般的には、そういうふうに言われているけれど、私は、ちょっと違う受け取り方をしている」という、**一般的な感じ方に違和感を表す表現**になるのです。安易に強調に使ってはいけません。

第 2 章

文を整理する

文と文とをきちんとつなぐ

3 接続詞を活用する①

「そして」「また」はゴチャゴチャする

■「そして」はしばしば曖昧である

接続詞とは、文と文とをつなぐための言葉です。もっともよく使われるのが「そして」と「しかし」の二つ。「そして」は「順接」、「しかし」は「逆接」と言います。たぶん小学校で「逆接」は前と後が反対の意味になり、「順接」は前の文と後の文が似たような意味だと習っているはずです。たとえば、次のように。

目の前で人がトラックに轢(ひ)かれた。**しかし**、私は動じなかった。

■「そして」を使ったために曖昧になる文例

元の文 ▶ 災害のときは、近所の助け合いが重要になります。**そして**、町内会長が被災した場合に、誰が代わりの役目をできるのか考えておかねばなりません。

↓

改善文 ▶ 災害のときは、近所の助け合いが重要になります。**ただ**、町内会長が被災した場合に、誰が代わりの役目をできるのか考えておかねばなりません。

「トラックに人を轢かれ」なら、びっくりするのが普通です。でも、自分はなぜか平気だった。だから「しかし」が使われるわけです。では、下の文例（上の文）はどうでしょう？

「逃げ出した」のだから、当然びっくりしたのでしょう。その意味では、前と後は「似たような意味」になっています。でも、事故が起こったことが「逃げ出した」の原因になっているなら、「だから」を使って書いた方が良いはずです。「そして」のように、何となくではなく、「トラックが人を轢いた」のが原因、逃げ出すのが結果、という明確な結びつきになっています。

■「そして」の意味は多様すぎる

前ページ下欄の文例では、「そして」だと、たんなる付け加えのようですが、「ただ」に直すと「助け合いが大事」というメッセージに対して、触れられなかった「代わりの

■別な接続詞に換えると事態はハッキリする

目の前で人がトラックに轢かれた。**そして**、私は逃げ出した。

↓

目の前で人がトラックに轢かれた。**だから**、私は逃げ出した。

役目」を、後から補うという文意がはっきりしてきます。

このように「そして」は、理由や補足などさまざまな意味を表せます。そして（さて、ここの「そして」の意味は何でしょう?）、しばしば、それらのどの意味であるかは、読者が推理しなければなりません。その意味では、**「そして」は読者に対して不親切**です。なぜなら、読者に「これは何の意味か?」と、わざわざ考えさせるからです。これはストレスになります。

■接続詞の役割は次の予告

接続詞は、次にどんな内容が来るか予告する役目があります。「しかし」だったら反対の意味、「たとえば」だったら例が来る、「だから」だったら結果が示される、というように、次の内容を知らせるのです。

いわば、接続詞は、車を運転するときの道路標識のようなものです。次にどんなものが来るか、一瞬先を予測し、

■接続詞は次の内容への準備をさせる

注意する。そのことで、運転はスムーズになります。同様に、接続詞があることで、どんな内容が来るか心の準備ができるので、反応も早くなって理解も進むのです。

■「そして」は別の接続詞にする

その意味で言うなら、「そして」はやや怠惰な接続詞と言えましょう。「こっちかもしれない」「あっちかもしれない」とさんざん迷わせながら、結局出たとこ勝負になる。これでは、ろくに接続詞の役割を果たしていない、と言わざるを得ません。

「そして」ほどではないのですが、「また」も文と文をつなぐ役目で使うと、やっぱり似たような効果になってしまいます。42ページ下欄の元の文の「そして」を「また」に直してみてください。やっぱり、付け加えの意味がぼんやり出てくるだけです。文意を明確にするには**「そして」「また」はなるべく別な接続詞に言い換えた方がいい**のです。

■文意を明確にするには「そして」を追放する

「そして」「また」は別な接続詞に言い換える → 文意が明確になる

3 接続詞を活用する②

最後に「また」で終わらない

■最後に「また」を使っていいか？

「また」については、もう一つ言いたいことがあります。

それは、文章の終わり近くで使ってはいけない、ということです。文章の終わりは結論部です。**結論部では、今まで述べたことをまとめて短い形で繰り返す**のが基本です。ですから「結論で新しいことを書いてはいけない！」とよく言われます。

ところが、「また」は前節で見たように、新しい内容を付け加える意味があります。ということは、これを文章の

■結論を「また」にする愚策

元の文 ▶	私の仕事人生は友人に恵まれたおかげで、うまくいったと言えるだろう。**また**、家庭と子供は、妻の××子に依存しっぱなしだった。ここで感謝しておきたい。
	↓
改善文 ▶	私の人生は恵まれていた。仕事では、友人に助けられ、家庭では妻の××子に依存しっぱなし。彼らがいなかったら、どうなっていたことか？　心から感謝したい。

終わり部分で使うと、新しい内容がまた再開される印象を与えかねない。これでは、結論にならない。

■「また」は言い捨ての印象にもなりかねない

前ページ下欄の文例を見ましょう。会社の社長とか重役が功成り名遂げて、自分の仕事人生を振り返って書いた文章のようです。しかし、これが最後の部分だとしたら、ちょっと問題です。というのは、最後に「奥さん」に感謝しているのですが、いかにも「おざなり」の感じがするからです。

これまで長々と仕事の苦労話などを綴ってきた。きっと読者もビジネスパーソンなので、そういう内容に興味があるだろうと、家庭のことは触れてこなかった。だが、最後のところで、家庭・子供のことでは「奥さん」に任せっきりだった、と一言感謝を述べるのです。

これが日本経済新聞の『私の履歴書』みたいなコーナー

■結論では、今までのまとめに徹する

結論の鉄則

＝

新しいことを書いてはいけない

だったら、これでいいかもしれませんが、それでも、仕事がメインで家庭は付けたりだった、という印象は残ります。「奥さん」が昔風の「従順な」女性だったら、これでも満足でしょうが、現代はどうでしょうか？　「私のことを書いたのは、これっぽっち？　あれだけ苦労したのに、ひどすぎる！」などと、怒りをぶちまけられかねません。

■言いたいことは先に言っておく

これを避けるには、最後の「また」でそそくさと感謝の意を表す、などというような簡便法をとらないことです。46ページ下欄の改善文を見てみれば、「恵まれていた」の直後に、「友人」と「奥さん」への感謝が並列になっています。

ということは、この文章の前、つまり本論でも、仕事で友人に助けられたことと同時に、「奥さん」にどう頼っていたかが書かれているはずです。そうすれば、「奥さん」

■結論部の意味合いと「また」の持つ意味は矛盾する

「また」の鉄則	＝	結論部で使ってはいけない

への感謝は、たんなる付けたりではありません。

■結論を「また」で始めない

結論では、付け足りの「また」は厳禁です。最後に「また」で新しい話題を始めようとしても、もうスペースは少ない。だから、いくら「感謝します」なんて書いても、くわしく書けない。感謝の意を表したいのなら、結論の前で「こういうこともしてもらった」「ああいうこともしてもらった」と事細かに書いておくべきでしょう。それがあってはじめて、最後の「感謝します」という表現が生きるのです。

ゆめゆめ、文章の最後で「あれ、これも書いておくべきだった」とあわてて「また」でつながないように！　そういう姑息なやり方をするから、かえって相手を怒らせることになるのですよ。

■結論部の「また」は、姑息な印象になりやすい

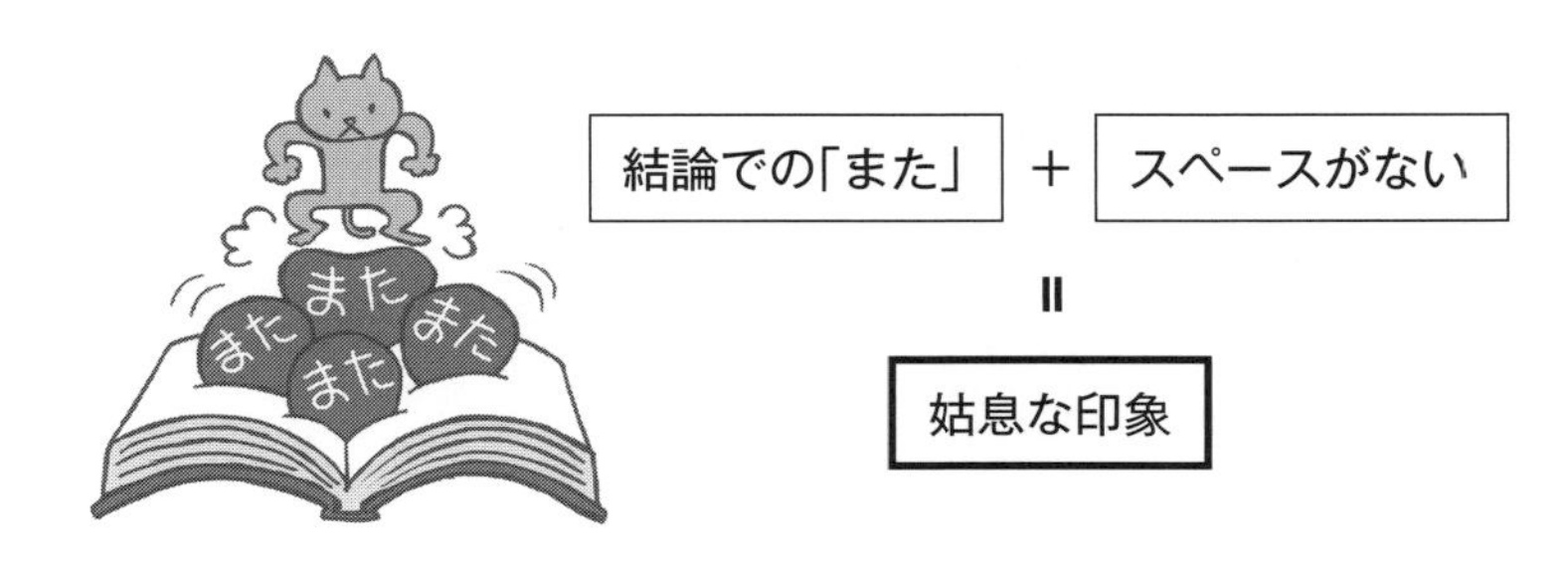

3 接続詞を活用する③

「だから」「なぜなら」は きちんと使う

■帰結や理由を表す

「だから」「なぜなら」は、帰結や理由を表す接続詞です。「…です。だから～」なら、「…」というあり方から、必ず「～」というあり方が出てくる。これを帰結と言います。

それに対して「…です。なぜなら～から」なら、「…」というあり方は、「～」が元になって出てくるという意味、あるいは「～」から「…」というあり方が出てくる意味。これは理由と呼ばれます。次ページ下欄のように、影響が及ぶ方向を矢印で表すと、矢印の向きが逆になりますね。

■理屈っぽい接続詞はここぞという時に

元の文 ▶ 私は極端な人見知りだ。毎日、新しい人と会って話さなければならないのは疲れる。

↓

改善文① ▶ 私は極端な人見知りだ。**だから**、毎日、新しい人と会って話さなければならないのは疲れる。

■ 使うと大げさすぎるか？

ただ、文法学者には「なぜなら」は日本語になじまない、「から」だけで十分分かるから、あまり使わない方がいい、などと言う人もいます（石黒圭『文章は接続詞で決まる』）。

たしかに「…です。なぜなら～」はスペースも取るし、理屈っぽくてエラソーな感じもするし、人間関係に角を立てそうな感じがします。日本社会では周囲への同調を重視するので、そのように言われるのかもしれません。

■ 「だから」「なぜなら」が必要なとき

でも、ものは言いようです。いつも「周囲に同調する」ばかりで、ことが済むとは限りません。ときには、一時的に険悪なムードになっても「自分独自の意見」を言わなければ、ことが収まらない場合があります。

そういうときには、むしろ「帰結」や「理由」をはっき

■帰結と理由では、文の順序が逆になる

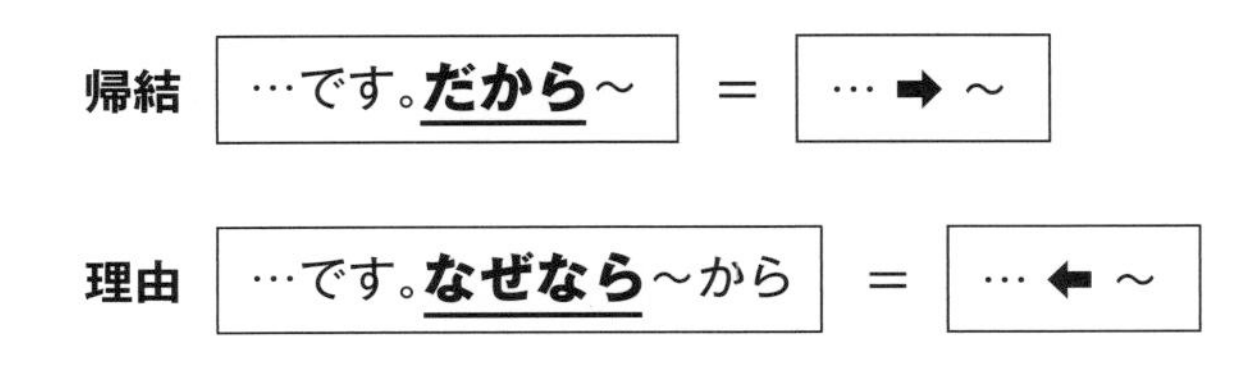

りさせねばなりません。たとえば、50ページ下欄の文例では、「なぜなら」を使わないと感想になります。日記にでもありそうな「つぶやき」ですね。でも、**改善文①**だと、私は「こういう人間である」から「疲れる」という反応も当然だ、という主張になります。誰かに言って「なるほど、だから疲れるのね？」と思ってもらいたい、という感じの表現です。

■ やむを得ない事情を他人に伝える

他方、下の**改善文②**のように「なぜなら」を使うと、「人見知り」が前提になって「疲れる」という動かしがたい結果が出てきます。たしかに、こんなことを部下が言ったら「お前が人見知りなのがいけないんだ。その性格をまず変えろ！」と言いたくなるかもしれません。「エラソー」というネガティブな感じが出てくるわけです。

ただ、大人になると、おいそれと性格を変えろと言って

■「なぜなら」を使うと動かしがたい結果が強調される

改善文② ▶ 毎日、新しい人と会って話さなければならないのは疲れる。**なぜなら**、私は極端な人見知りだからだ。

も簡単には変えられない。かりに、これを75歳の人が言ったら、どうでしょう？　その年まで、この性格で生きてきたのだから、本人も苦労したに違いないし、それなりの努力もしてきたはずです。それでも、その性格は変わらなかった…。残り少ない人生なのに、今さら「その性格を変えろ！」と言うのは酷。むしろ、その人の人生を想像して「仕方ないだろうな」と思うのが妥当な判断でしょう。

■言葉で説明するだけましである

それどころか、この発言は「だから」「なぜなら」を使って、とりあえず他の人が理解できるような形にしています。「疲れた！　もう人には会わない」と突然座り込まれるより、ずっとましでしょう。**「だから」「なぜなら」は、自分なりの判断を、他人に納得してもらうときの大切な手段**です。必要なときは、遠慮などしないで、はっきりと言わなければならないのです。

■理由の接続詞は、他人に自分の考えを強く伝えるときに必要な手段

だから・なぜなら

＝

他人に説明し納得してもらう手段

＝

違う判断をしている他人を説得する

指示語不明にしない

■「それ」「そう」はときどき曖昧

「それ」「そう」「そこ」などは指示語と言って、直前の文のどれかの単語を表します。同じ事柄に何度も触れなければならないときに、「それ」「これ」系の言葉を使って、繰り返しを避けるわけです。

俗に「こそあど」と言いますが、自分に近い順から遠い順に「こ」「そ」「あ」と並び、疑問には「ど」を使う。規則はそれだけなのですが、**近さの程度だけなので、どの単語を示しているか、ピンポイントで示せない。**

■指示語を使いすぎると意味不明になる

元の文 ▶	それはそうなのですが、そのお考えにはちょっと問題が残ると思います。
	↓
改善文 ▶	**計画の趣旨**については**異存はない**のですが、**実施時期**についてのお考えは、ちょっと問題が残ると思います。

たとえば、前ページ下欄の元の文では、「それ」「そう」「その」の表す意味はそれぞれ違うので、前からのつながりをよく聞いていないと分からなくなります。読むときには、元の文に戻って探さなくてはいけません。

だから、国語の試験で、どこを指すのか分からない指示語の内容を探す問題が成り立つのですが、自分が書くときはクイズにならない範囲で、何度も同じ言葉が出てくるのを避けねばなりません。そのバランスが大切ですね。

■繰り返しと曖昧さの兼ね合い

たとえば、下にあるように、いちいち繰り返すのは、手間もかかるので「そう」「それ」で済ます方が自然です。よく「ビジネス文章術」では「指示語を使わない！」と一刀両断にしますが、必要があるのに使わないのはかえっておかしい。むしろ**「どこまでなら指示語だけで内容が分かりそうか？」という感覚が働く**ことが大切なのです。

■全部繰り返す煩わしさと意味の曖昧さとの兼ね合い

社長がただいまおっしゃった…という計画の××という趣旨については、私は異存ございません。ただ、△月□日という実施時期と、▲▲という方法については少し問題が残ると思っております。

4、言い回し・表記にも気を使う①

ブラックより ホワイトを目指す

■漢字が多すぎる文章に注意

「文章は手書きだ」とこだわる人もいますが、この頃はワープロソフトを使って書くことが圧倒的に多いですね。漢字にも自動的に変換してくれる。ただ、問題なのは、機械がやることなので、ついやり過ぎることです。

たとえば「手書きにこだわる人もいます」は、「手書きに拘る人も居ます」と出てきます。もちろん間違いではないけど、やや「やりすぎ感」があります。漢字の方が分かりやすくなる場合に限ります。**漢字を使わないでも分かる**

■漢字の造語力に頼りすぎない

元の文 ▶「社会」という単語は、明治以後、西欧文献の翻訳を目的として新規に作られた造語である。拠って、国民の生活実感には必ずしも適合していない。未だに我々は「世間」の中に生息し、「社会」というものには適応していないのである。

なら、むしろひらがなの方がよいのです。

■ 接続詞・副詞はひらがなが便利

とくに問題なのが「例えば」とか「従って」とか「多分」などの接続詞系・副詞系の言葉。「例えば」は例を出すとき、「従って」は、前から順を追うとこういう結果になること、「多分」は可能性が高いことを表します。

成り立ちを考えると、漢字を使うことはおかしくはありません。ただし、現在の意味は、やや、そこから離れているので、わざわざ「元はこうだった」という経緯を表す必要はありません。「たとえば」「したがって」「たぶん」などと、かな書きにした方が分かりやすいのです。

これは仏教用語も同じです。子供の俗語として「ガキ」がありますが、これを「餓鬼」と書いたら、「こどもの蔑称」という現在の意味から離れて「空腹で心が迷う人」という意味が出て、かえっておかしい。

■漢字を使わなくても分かるなら、ひらがなが多い方が分かりやすい

改善文 ▶	「社会」は、明治以後、西欧の文献を訳すためにあわてて作られたことばである。だから、人々の生活実感には合っていない。日本人はいまだ「世間」の中に生き、「社会」には慣れていないのである。

■抽象名詞は漢語を使う

漢字を組み合わせることで、抽象的な言葉を作ることができます。たとえば「人類学」は明治以後に作られた言葉ですが、人＋類＋学という組み合わせで、ヒトという（生物の）種類についての学問だということを伝えています。こういうふうに、漢字は、新しい言葉を作り出す造語力が豊かです。

英語でも同じようにギリシア・ラテン語を使って抽象的な名詞を作れます。たとえば、人類学 anthropology はギリシア語の anthropos（人間）と logos（知性・理性）の組み合わせです。ラテン語の人間 homo から来た人間性 humanitas を使うと humanities「人文学」になります。抽象名詞は歴史的に形成されるので、だいたい先に文明の発達した国の言葉、外来語を使うのです。

ただ、漢字なら「人」「類」という字は中学生でも読め

■今となってはかえっておかしい

成り立ちから意味の離れた言葉 ⟶ かな書きにする

るので「人類学が何か」についてぼんやりしたイメージは持てるのに、英語では元のギリシア語を知らないと〝anthropology〟を見ても見当がつかない。その意味では、漢字の方が意味伝達にすぐれているかもしれません。

■ブラックな文章にしない

とはいえ、それだけで伝えられる情報量は多くありません。だから「社会というもの」などと言っても、何もイメージできない。意味を明らかにするには、「これはこういうことだ」ときちんと定義して、本来の意味を説明すべきで、**漢字に頼って意味を伝えるべきではない**のです。

それに、漢字は字画が多いので、漢字が多い文章は何となく「黒っぽい」印象になります。逆に、かなが多い文章は「白っぽく」なる。自分の書いた文章が「ブラック」になりすぎないように注意したいものですね。

■漢字ならぼんやりでも意味がイメージできる

抽象名詞

＝

先に文明の発達した外来語を利用する

箇条書きはほどほどに

■箇条書きは論理的か?

論理的に明快に書く、というと、箇条書きにする方がけっこういます。1…、2…、3…と項目分けして書く方法ですね。どうだ!分かりやすい、明快だろう、というわけです。しかし、箇条書きの**問題は、各項目が細切れになり、それらの関係がよく分からなくなること**です。

たしかに、ある問題が起こるには、たくさんの原因が絡まっています。たとえ、下にあるように、市場規模が大きくない、他社との競合がある、値段設定が高すぎる、など、

■箇条書きに頼りすぎると内容が曖昧になる

元の文 ▶ 黒字化しない原因は以下。これらを、早急に解決して黒字化を達成しましょう。
(1)扱っている製品サービスの市場規模が大きくない
(2)A社との競合がある
(3)A社と比べて、値段設定が高い

事業が黒字化しない原因がいろいろ考えられたとしたら、それらを並べ立ててチェック項目を作って、どこかにチェックが入れば、それを改善する。そうすれば黒字化するはずだ、と考えるわけです。

■箇条書きでは関係が見えなくなる

でも、この解決法では、箇条書きの項目間に、どんな相互の関係があるか、が見過ごされてしまいます。たとえば、「(2)他社との競合」があるのなら、消費者はこの会社と他の会社の製品で選択できることになります。だとすると「(3)価格設定が高い」は致命的な問題です。その会社のモノ・サービスが高かったら、他社を選べば良いのですからね。でも、かりに競合がないとしたなら、かなり強気で価格設定しても売れるはず。

つまり「価格が高すぎる」という問題は独立して存在するのではなく、「他との競合がある」ときだけ問題になる。

■複数の原因の関係を表す書き方にする

改善文▶ 黒字化しない原因は他社との競合です。実際、競合Ａ社は低めの値段設定をしており、市場規模が小さいので需要が集中しています。短期的には価格を下げ、長期的には真似できない製品を開発すべきでしょう。

なぜなら、「他との競合がない」ならば、「価格が高い」ことは問題にならないどころか、利益を上げてくれるからです。つまり、(2)と(3)は対等ではなく、(2)の方がより根本的であり、それに比べれば(3)は表面的な問題なのです。

■対策が総花式になりやすい

さらに問題なのは、**箇条書きで列挙すると、対策が総花式になりやすい**ことです。つまり、「あれもこれもやってみましょう」になりやすい。1…、2…、3…のすべてをちょっとずつ改善すれば、全体の収益も改善するはずだ、と考えるわけです。

でも、根本原因が解決されない限り、問題はなくなりません。たとえ、価格を下げて当面の競争力をつけても、競合他社もすぐ価格を下げて対抗する。だから、また同じ手を打たなければならなくなる。結局、価格を下げる手段は一時しのぎに過ぎず、収益は悪化するばかりです。根本的

■構造を「見える化」する

原因には順位・序列がある → 箇条書きでは表せない

には、他社との競合自体を何とか解決しなければ、よくなりません。

実際、61ページ下欄の改善文の方が、「短期的には…だが、長期的には～」とフェーズをわけて、具体的な対策を提案していることがお分かりでしょう。このようになったのは、各原因の間のメカニズムを解明し、どれが第一優先なのか、何が根本で、何がそこから派生しているか、という整理を丁寧にしているからに他なりません。

とくに、箇条書きにすると、「…こと。」などという連体止めも必然的に多くなります。こういう言い回しが頻出するようなら、箇条書き的な思考に陥って、原因のメカニズム分析を怠っていないかどうか、チェックしてみる必要がありそうです。

■構造に従って、対策も出てくる

分析	競合あり → A社の値段設定低い → 客を取られる
根本原因	競合がある製品・サービス
対策	短期的＝価格を下げて競争力を上げる 長期的＝競合しない製品を開発する

4 言い回し・表記にも気を使う③

読点の工夫だけでは読みやすくならない

■読点を打つと分かりやすくなるか？

分かりやすい文章を書くためには、読点を打つ場所を工夫しろ、と言われます。読点を適当なところに入れるだけで、格段に読みやすくなる、というわけです。たしかに、主述関係や修飾関係がゴチャゴチャしている場合は、読点を入れるとスッキリしてきます。

たとえば、下の元の文では「娘が驚いた」という文と「スカートをはいてきた男の子がいた」という文が結びついて、やや複雑になっています。よく読めば「一番驚いた」と

■単純化・並べ替えする

元の文 ▶	娘が今日一番驚いた学校の出来事はスカートをはいてきた男の子がいたことだという。
↓	
改善文① ▶	娘が、今日一番驚いた学校の出来事は、スカートをはいてきた男の子がいたことだという。

いう修飾は、直後の「学校」ではなく、「出来事」にかかっていることが分かります。でも、はじめて読むと、そのつながりを判断せねばならず、一瞬混乱してしまうのです。

驚いた → 学校か？出来事か？ → 混乱

これを明らかにするには、まず「娘の」「出来事は」の後で読点をおいて、頭の「一番驚いた」と最後の「出来事」を目立たせると、改善文①のように、多少分かりやすさがアップします。

■読点より順序や単純化が有効

しかし、**読点をつけるより、思い切って順序や言葉を変えた方がより分かりやすくなる**のです。下の改善文②では、「学校にスカートをはいてきた男の子がいた」という報告文と「驚いた」という感想文の二つに、元の文を分けています。まず客観的事情を示し、それから主観的な感情の表

■読点をつけるより、文を単純化した方が分かりやすい

> **改善文②** ▶ 娘が言うには、学校にスカートをはいてきた男の子がいたとか。（それが、）今日一番驚いた出来事だと言う。

文を単純化する ＞ 読点で読みやすくする

現と分けるわけです。このように文の構造を単純化すれば、読点は打たなくても、十分意味は伝わります。

■ 接続と誰が何をするかを明らかにする

明快な文にするには、いくつか原則がありますが、その大事なひとつが「誰が何をするか明らかにする」ことです。なぜなら、この世界は行為＝アクションでできているからです。

つまり「誰か（何か）が誰か（何か）に何かをする」ことで、一定の結果が生ずる仕組みになっているわけです。ですから「何かをする」**アクションさえ明快にすれば、今何が起こっているか状況が頭に入りやすくなる**わけです。

読点をつける場合は「原因と結果、前提と結論、状況と行動」など、いろいろ言われます。しかし、「主体」つまり「誰が」と「行為」つまり「何をする」か、が示されれば、たいてい分かりやすくなります。

■「誰が何をした」が明確になると状況が分かる

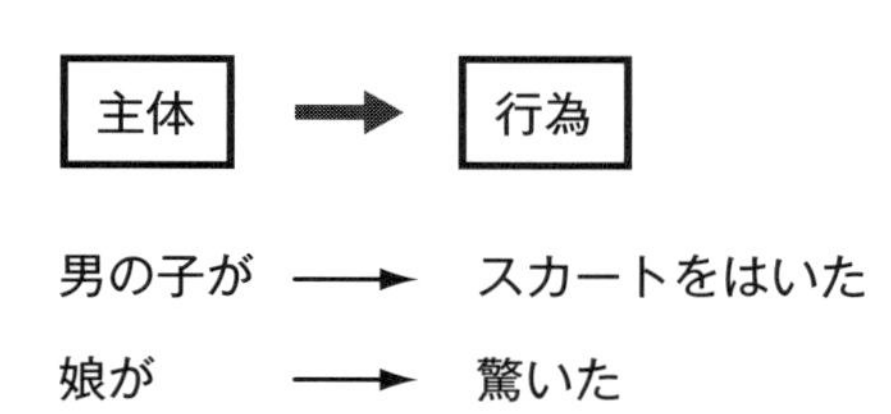

いくつか行為が続く場合は、区切りに読点をつけてどんな行為の変化があったかをはっきりさせるし、誰が／何が行為するか、も複数ある場合は、読点のつけ方で分かるわけです。

■読点と接続詞を組み合わせる

さらに、次にどんな主体・行為が来るか、は接続詞からも分かります。「たとえば」なら具体例が次に来るし、「つまり」なら言い換えになる。したがって、接続詞の後にも読点をつけて際立たせれば、さらに分かりやすくなります。

たとえば、**改善文②**でも「それが」という指示語の後に読点をつけて、前の文を受けているという事情を明らかにしています。結局、修飾語が長い場合に**読点を付けるというのも、主体・行為がその中に埋もれてしまわないようにする工夫**の一つにすぎないのです。

■読点を付けると文意が明瞭になる。ポイントはアクションの明確化

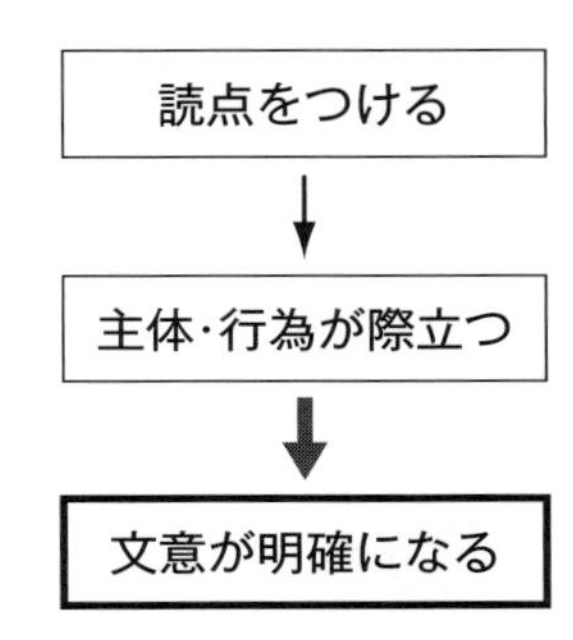

COLUMN 2

「正しい・美しい日本語」にこだわりすぎない

文章術の本には、「正しい言い回し」「美しい日本語」にせよ、というメッセージがたくさんあります。しかし「正しい」「美しい」にこだわりすぎるのは禁物です。なぜなら、「正しさ」や「美しさ」は、曖昧になりがちです。

たとえば、この頃「了解いたしました」が、ビジネスでは、失礼な言い方だとよく言われます。「事務的な連絡でよく使われる」からだと言うのですが、「了解」は「分かる」の漢語表現で、「事務的」という意味はありません。しかも「いたしました」という謙譲がついているのだから、これで十分敬意を表していると国語学者もコメントしています。失礼な言い方ではないのに、わざわざ「失礼」とレッテルを貼る。ちょっと過剰ですね。

礼儀をうるさく言う人のことばかり聞いていると、社会生活に支障を来しかねません。**「正しい言い回し」「美しい日本語」は適当に切り上げる方が、文章の本質的改善につながる**のです。

第 3 章

文を上手に見せる

文章にメリハリをつける

5 主役・脇役を区別する①

主役はとりあえず前に押し出す

■物語形式にはインパクトがある

小説や漫画、芝居など、物語では主役と脇役が出てきます。主役がいろいろ行動することに脇役が絡み、それが周囲に波紋を呼び、紆余曲折を経て結末に至る。それがまた次の事件を呼び起こし…と連鎖反応する。だから、大詰めまで「どうなるのか?」と興味を引きつけられるわけです。

たとえば『東海道四谷怪談』では、貧乏な浪人・伊右衛門が主役。それに金持ちの娘(脇役)が惚れたために、伊右衛門は病気がちの貞淑な女房・お岩(脇役)を殺そうと、薬だ

■いろいろな人がゴチャゴチャ出てくる文例

元の文 ▶ **弟が**起業したいという。**私は**「起業なんかうまくいかないんじゃない?」と反対した。**母は**「△△ちゃんの会社はひどい。忙しいばっかりで給料も安いし。やめて会社、作った方が正解よ」と言う。**父は**「もうけを出すのは難しい」と心配する。**弟は**「だって、今は××に人気が高まっているんだ。先輩も資金はまかせろと言ってくれたし…」と言い張る。

と偽って毒を盛る。それを飲んだお岩の顔はみるみる変わり苦しみつつ絶命。晴れて娘と結婚した伊右衛門の前に亡霊として現れ、娘をとり殺し、伊右衛門を苦しめる…というように、**物語はつねに主役をめぐって展開する**わけです。

もちろん、現実は、必ずしも主役中心に動くわけではありません。実際『東海道四谷怪談』は「赤穂浪士の敵討ち」という大きな物語の一部で、この怪談は、その中の小さなエピソードにすぎません。伊右衛門がお岩の亡霊に取り殺されようが、「赤穂浪士の討ち入り」は実行される。それでも、ものごとの流れをある主役を中心に取り出して整理すると、本来の現実とは別に、ぐっとインパクトをもって浮き出してくるのです。

■物語以外にも応用できる

この形式は分かりやすいので、物語以外にも文章を書くときに役立ちます。現実をそのまま描くと、いろいろな人

■主役は最初から最後まで変えない

改善文 ▶ **弟が**起業したいという。**母も**「△△ちゃんの会社はひどい。忙しいばっかりで給料も安いし。やめて会社、作った方が正解よ」と後押しする。しかし、**私は**反対だ。起業は簡単でない。**父も**「もうけを出すのは難しい」と心配している。それなのに、**弟は**「だって、今は××に人気が高まっているんだ。先輩も資金はまかせろと言ってくれたし…」と言い張るのだ。

と行動が絡んできて、訳が分からなくなり「とりとめのない話」になりがちです。それを「主役」を中心に整理して、くっきりした筋にする。たとえば、70ページ下欄の元の文では、弟が「起業したい」と言い出したことをきっかけにして起こった状況です。それぞれが自分の意見を言うので、それを並べればいいはずです。

しかし、読み直してみれば分かる通り、**時間順に発言を並べるだけでは文章になりません**。それぞれが、どういう関係にあるのか、二度見三度見しないと、了解できない。これは、いろいろな人がつぎつぎと出てくるので、何を中心に読むべきか、読み手が混乱するからです。

■主役と脇役を区別する

でも、主役を「弟」にして、全体のストーリーを、彼が「起業したい」という意志表明をした、というアクションが巻き起こす混乱と考えれば、他の家族は「脇役」となり

■物語は、主役の行為と脇役の反応という形

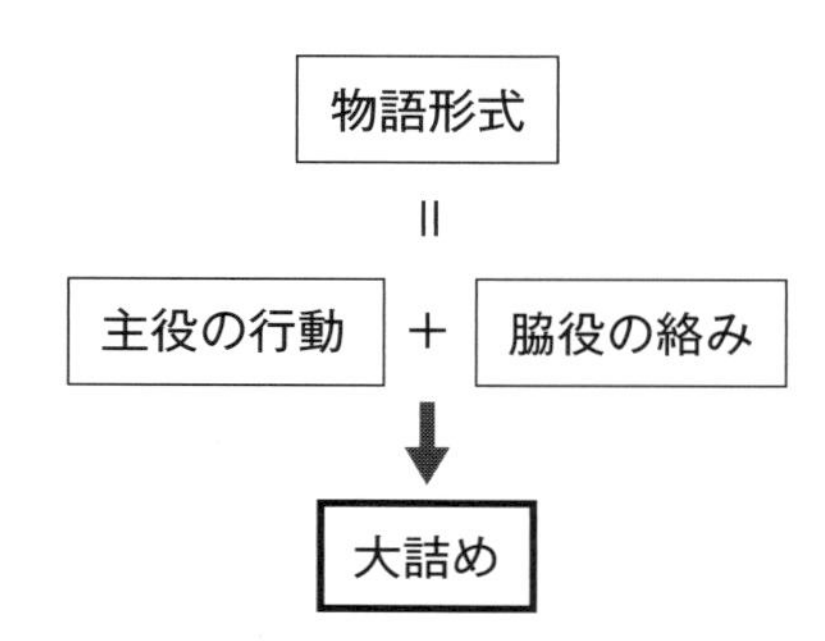

ます。つまり、家族は、彼に対して反応する形で絡む。

もし、その反応が賛成／反対で割れているなら、賛成派は「弟」と一緒にして、反対派は「しかし」で対比することができます。そうすれば、家族の位置は弟を中心に二つの陣営に分かれることになり、彼が「扇の要（かなめ）」のような位置にいることが印象づけられます。

こうして書き直したのが71ページ下欄の**改善文**です。四人の関係がずっと分かりやすくなっていることが分かりますね？　弟の言ったことで、家族が紛糾して二分される、という様子がくっきりと見て取れると思います。

■主役・脇役の整理は人間に限らない

もちろん、このような**主役と脇役の整理は人間に限りません**。「今期の事業計画」などを主役にたてて、その中身が「行動」と見立て、メリットはこう、デメリットはこう、と脇役を並べられます。

■物語の形で現実を整理すると、分かりやすくなる

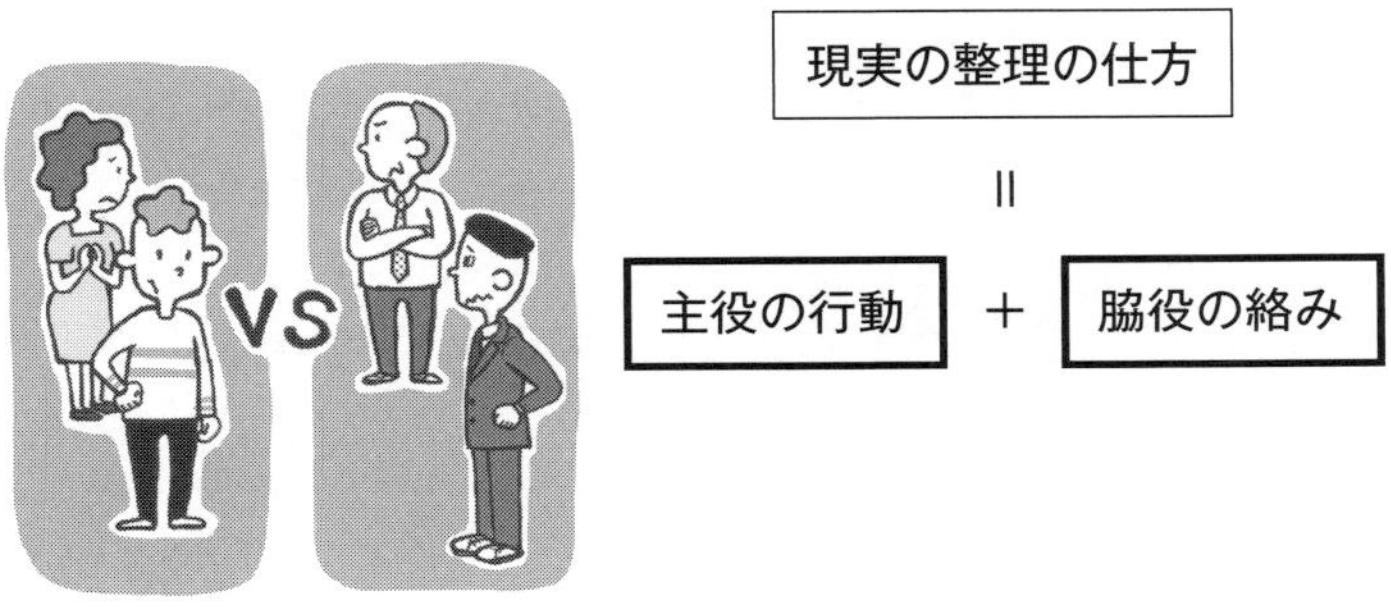

5 主役・脇役を区別する②

敵役は「それに対して」で登場

■敵役を明確に設定する

脇役の中で一番インパクトのあるのが敵役です。『東海道四谷怪談』なら「主役」は伊右衛門。ただ「極悪非道」キャラなので感情移入しにくい。彼の悪巧みを邪魔するように「お岩の亡霊」が敵役として出てきます。

登場では「〽ひゅーっどろどろどろ」と「薄どろ」という印象的な効果音が鳴ります。文章でも効果音こそ出ませんが、敵役が出るときには「わー、ここにも出たか」と読者に印象づけたいものです。

■関係が分かりにくい文例

元の文 ▶ 今期の事業計画では、工作機械販売に注力することで、約××億円の利益を見込んでおります。営業部は、この見込みの実現を危ぶんでおります。中国の経済状況は芳しくなく、現地企業の投資意欲の伸びは見込めないと判断しているからです。この分野は…

その**効果音の役目を果たすのが「それに対して」「しかしながら」などの対比の接続詞**です。前ページ下欄の文例では「今期の事業計画」が述べられています。このまま読むと、著者は営業部の立場に立って、「見込みが実現できない」と主張しているようです。で「この分野」まで読むと「あれ？　言いたいことはどっちだっけ？」と迷う。

■接続詞があることの効果

しかし「それに対して」があれば、下の**改善文**のように、この人は「今期の事業計画」の見込みが正しいという立場を取り、「敵役」が「実現を危ぶむ」人です。「敵役」とあえて対決する「それに対して」が「薄どろ」です。だから、ここは「敵役との絡みだ」と強調され、「しかしながら」と対決が始まるわけです。

■敵役が明確なら主役も引き立つ

改善文 ▶ 今期の事業計画では、工作機械販売に注力することで、約××億円の利益を見込んでおります。**それに対して**、営業部を中心に、この見込みの実現を危ぶむ向きもあります。中国の経済状況は芳しくなく、現地企業の投資意欲の伸びは見込めないと判断しているからです。**しかしながら**、この分野は…

5 主役・脇役を区別する③

違いの大小を書き分ける

■同じ側はまとめて記述する

主役と敵役には、それぞれ後押しする人々が出てきます。前々節で「周囲にも波紋を呼ぶ」と書いたのは、そのことです。対立は主役と敵役にとどまらず、それぞれに同調する意見・考え・行動を引き起こし、それが絡まり合って、結末へとなだれ込むわけです。

こういう場合、同調する意見・考え・行動はひとまとめに括るのがいいでしょう。それぞれ勝手なことを言っているようですが、基本線は、主役の行動・意見に対する同調か

■大きな違いだけが書かれている文例

元の文▶ **弟が**高校をやめたいという。音楽で身を立てたいらしい。**母も**「同級生たちがバカでひどいのよ。△△ちゃんは繊細だから、あんな学校に行くのは苦しいでしょう。転校した方が良い」と言う。しかし、**父も**「とりあえず学校ぐらい出ておいた方が良いよ」と心配している。**私も**反対だ。

反発か、どちらかに大きく分けられるからです。

この二つに分ければ、後はずいぶんシンプルになります。前ページ下欄の文例では、家族は「弟と母」「父と私」の二派に分かれて対立しています。しかし、**改善文**では、対比が二段階になっています。まず「弟と母」の意見が書いてある段落と「父と私」の主張の段落に分けて、「弟と母」「父と私」と大ざっぱにグループ化します。そのうえで「母は…父は…私は…」などと、微妙な違いを説明する。こうすれば、さらに全体の見取り図がはっきりするでしょう。

■同じ側でも違いは少なくない

ただ、**同じ陣営でも、その判断の根拠に違いがある場合もあります**。たとえば、文例の「父」と「私」では、同じく弟の意向に反対でも、その根拠は違っています。

「父」の言うのは、就職への影響です。それに対して

■小さな違いも将来の立場の違いを生む

改善文 ▶	**弟が**高校をやめたいと言い出し、**母も**彼の肩を持つ。「同級生たちがバカ…（以下、母の発言は同じ）」。 しかし、**私と父は**心配だ。私は弟の飽きっぽいのを知っているし、父も「音楽で身を立てたいらしいが、甘いよ。学校を出ておかないと、後でつぶしもきかないよ」と言う。同感だ。

「私」は就職を心配して、というより、むしろ弟の音楽的才能に疑問を持っている。「私」の方がより辛辣(しんらつ)な見方をしているわけです。

微妙な違いが結果に影響を及ぼす

こういう判断根拠の違いが、後になって結果に何らかの影響を及ぼしてくるかもしれません。だから、初めから、小さな違いも認識していなければなりません。ただ、とりあえず、今のところは「反対しよう」ということで共同戦線を張っているだけで、状況の変化によって立場は変わり得るのです。

もちろん、この「微妙な違い」は、「弟と母」の陣営にもあります。「弟」はそれなりの「成算」があるようですが、「母」は、それより「息子が可哀想」という同情の念が強いようですね。その可哀想な状況を考えれば「○○をやめた方がまし」という判断に行き着く。しかし、学校を

■大きな違いを書くだけでなく、その中に微妙な違いも書いておく

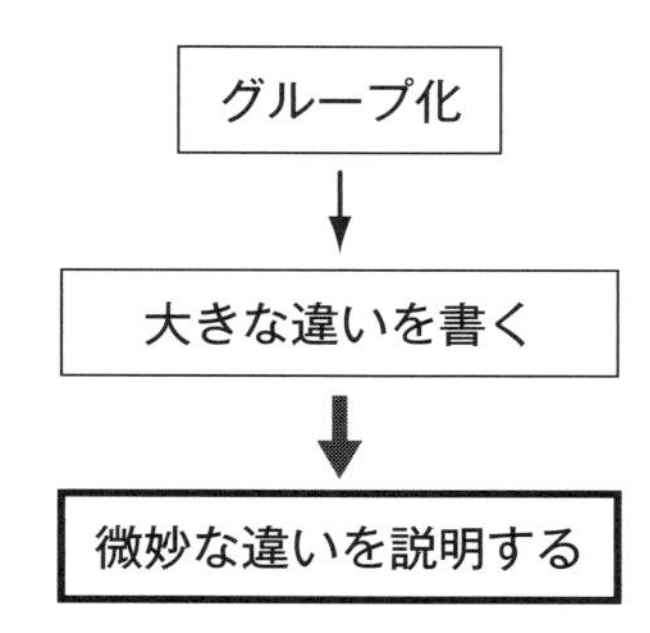

やめるかどうかという重要な選択を、一時の感情で決めると、後々問題が出てきそうな気もします。母の「賛成する」という決断は吉と出るか凶と出るか、微妙なところですね。

■同じ内容と違いを区別する

このように**同じ内容のようでも、そこに微妙な違いを区別すると、より深い分析や予想ができます**。もしかしたら「母」は後になって「息子を甘やかしすぎた」と後悔するかもしれません。逆に、「父」は経済状況が良くなったから、と判断を変えるかもしれません。思惑の違いをこまかく考えれば、この家族がどうなるか、いろいろ想像できるはずです。

その意味で、同調・反発と大きく分けつつも、同じ立場の中にも細かい相違を表すように書くというテクニックは、将来への洞察にも関わる大事な表現スキルなのです。

■将来の状況が変わると、小さな違いが効いてくる場合がある

「一方…他方…」は対立がぼんやりする

■対比するときの接続は?

二つの違ったものを対比するとき、よく「一方…他方…」を使う人がいます。間違いではないのですが、この**「一方…他方…」表現はやや対立がぼんやりする**嫌いがあります。なぜなら、「一方…他方…」は、ある一つのものにいろいろな面が備わっており、それらにある程度の違いが見られることを表す表現だからです。しかも、その違いが、対立するのか、それとも、将来解消できるレベルにあるのか、必ずしも明示していないのです。

■対立をぼかした書き方になっている

元の文 ▶ 弟が新しいガールフレンドと結婚したいと言い出した。母はいつものように弟には反対しない。「彼女とこの間、会ったけど、気立てが良い子で、お似合いだわ」とべた褒めだ。**一方で**、私と父は心配している。彼女は私の同級生だったが、裏表がある性格で、男にだけは色気を振りまく。父も「あの娘、ちょっと派手すぎないか?」と懸念する。

「反対」にも「完全に反対」もあるし「微妙に反対」もあるし、「反対だけど、ま、いいか」の範囲もあります。どこにあたるのか「一方…他方…」は示していないのです。

■「一方」と「だが」の比較

たとえば、前ページの文例では、「弟・母」の連合に対して、「父・私」が対抗し、その間を「一方」でつないでいます。**改善文**では「だが」という逆接に変えています。その後の言葉の選び方も多少関係していますが、どちらかといえば、前者は「懸念の表明」という主観的な表現にとどまっています。「弟」があくまで「結婚したい」と主張したら「しかたないか?」と受け入れるかもしれません。でも、「だが」や「それに対して」を使うと、もう少し立場が明確化します。「弟・母」の主張に対して、「父・私」は「反対」の立場で、きっと、弟が「結婚したい」と言っても、強硬に反対するでしょう。

■対比するときはクッキリと

改善文▶ 弟が新しいガールフレンドと結婚したいと言い出した。母はいつものように弟には反対しない。「彼女とこの間、会ったけど、気立てが良い子で、お似合いだわ」とべた褒めだ。**だが**、私と父は心配している。彼女は私の同級生だったが、裏表があって、男にだけは色気を振りまく性格だ。父も「あの娘、ちょっと派手すぎないか?」と懸念する。

なぜ、こういう違いが出てくるのでしょうか？「だが」や「それに対して」は、逆接や対比という性格がより明確なので、これを使った段階で、次に続く文の内容が、前の内容の逆であることが予測できるからです。

■まずは問題の明確化、人間関係はその後

ある問題に対処して解決しようとするには、「あの人にどう言ったら、感情を害さないですむか？」に気を取られていては解決できません。それは、問題そのものを考えることではなく、考えが、相手との人間関係の維持にしか向いていないからです。

もちろん、人間関係も大事なので、できれば波風を立てない方がいいに決まっているのですが、それでも、問題が出てきたら、まず、その問題がどのような性質のものか、なぜ、そこに対立や矛盾があるか、を分析すべきです。そうして、初めて「さて、どうすればいいか？」というアイ

■一見似ているが、明確な意味の違いがあるので注意

一方…他方…	＝	ものごとの多面性を表す
≠		
だが·それに対して	＝	対比を明確に表す

デアも出てくる。「さて、どうすれば、この案を反対者に伝え、納得させるか?」ということは、それから考えることです。もしかしたら「こんなに大変なのだよ」と言えば、相手も納得するかもしれない。

■問題は明確な方が対処しやすい

もし、本気で解決するつもりなら、**問題は「疑問・対立・矛盾」などの形で顕在化した方がいい**のです。中身をごまかしたままでは、解決法も一時しのぎにしかなりません。とりあえず「弟」と喧嘩しないですんでも、後で「お嫁さん」とひどいトラブルになるかもしれません。

逆に、「弟」との当面の友好関係を維持したいのなら、「一方」などと対立関係をぼやかし「一応、懸念だけは伝えておくね。後で『おまえがちゃんと反対しなかったからだ』なんて言わないでね」と言うだけで済ませます。要は、どちらの内容を前面に押し出したいか、なのです。

■問題を明確化すると、解決のためのアイデアにつながる

6 理屈をつなげてスッキリさせる①

判断の根拠を明確にする

■理屈が通るのが第一条件

相手に納得してもらうときには、人間関係だけでなく、理屈がきちんと通ることが必要です。いくら丁寧な言葉でも、支離滅裂では、相手は納得してくれません。

もちろん、豊かな表現とか、巧みな言い回しも大切です。しかしながら、それだけでは、相手は「なるほど」と思ってくれません。まず、**理屈が通るのが第一で、丁寧な表現や言い回しの豊かさが、その効果を高める**にすぎないのです。

■言い訳表現を先行させない

元の文 ▶	民泊推進のために、さらなる規制緩和を進めるべきだという意見には賛同できない。**たしかに**国際化に向けた民泊の推進は必要だ。**だが**、民泊の増加によって、既存の旅館が苦境においやられるのは望ましくない。規制緩和によって、民泊向け施設を投資目的で購入する事例も考えられるが、これは民泊推進の意図とずれているのではないか。

■立場は分かるが、根拠が分かりにくい例

たとえば、前ページ下欄の文例では「民泊」についての意見を述べています。民泊とは、旅館など公的に認められた宿泊施設ばかりではなく、個人の家などでも旅行者を泊められるようにする制度ですね。

でも、この文章を書いた人は「民泊」に懸念を示しているようです。それは第一文から、すぐ見て取れます。しかしながら「なぜ、民泊のための規制緩和に反対」なのか、はすぐ分かりません。なぜなら、民泊賛成の意見に配慮しているらしく、**「たしかに」が来ていて、自分の言いたい内容と反対の根拠の方が先に述べられている**からです。

自分の言いたい根拠＝内容は、その後の「だが」以後に現れる。相手への思いやりがあるのは、いいことなのですが、これでは、自分の言いたいことが後回しになってしまう。自分の根拠は、その後文の「既存の旅館が苦境におい

■読者の期待に応えて、理屈を通す

改善文 ▶ 民泊推進のための規制緩和はすべきではない。**なぜなら**、既存の旅館が苦境においやられる可能性があるからだ。民泊で宿泊可能人数が増えても、既存の旅館の宿泊人数が減るなら、経済の活性化にはつながらない。**たしかに**、規制緩和で民泊向け施設が投資対象になるという思惑もあるが、これは本来の意図とずれている。

やられる」のはずです。

■「読む」とは、書いてあることとの対話

そこで、読む方では「なぜ、苦境においやられるのか？」と疑問を抱いて読むのですが、その答えはすぐ見つかりません。「民泊向け施設が投資になる」という別の話題になって、話がはぐらかされるのです。読者は、文章と対話しながら読んでいくのですが、これでは「なるほど！」とは思いにくい。ちょっと不親切な順番になっています。

そこで、前ページ下欄の改善文では、読者の持つ疑問を予想して、自分の懸念を示した後に、すぐ「なぜなら」と理由づけし、その後に、どういうふうな「苦境なのか」が説明されます。さらに、その立場からすると「投資対象になる」という話は本筋ではない、と批判する。「たしかに」の位置が逆になることに注意しましょう。

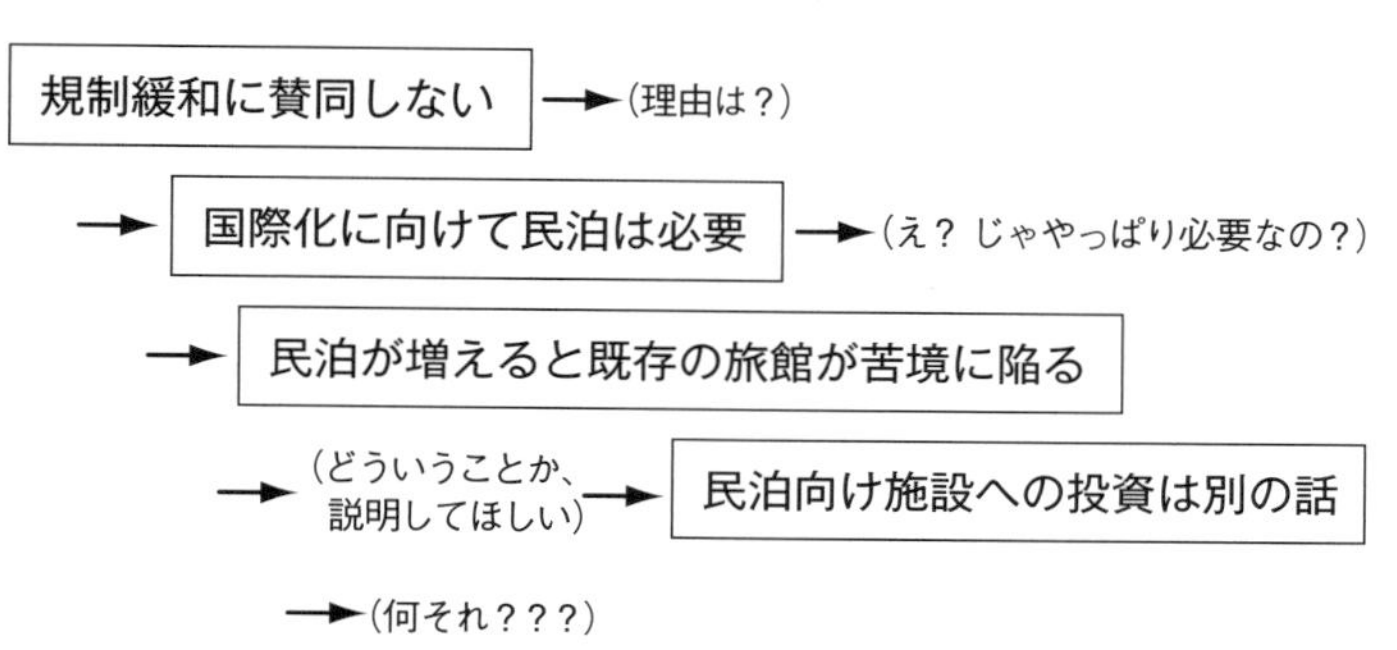

■理屈は一直線につながる

どうでしょうか？　理屈はこのように、**読む側の疑問に答えるように、理由から説明へと一直線につながります。**逆に言うと、一直線のつながりがたどれないような理屈が書いてあったら、読む側は納得できないのです。

ただ、この理屈のつながりは、書いている途中では、なかなか自覚できません。文章を書き終わったら、ちゃんと理屈が一直線につながっているかどうか、一度チェックする必要があります。それも、書いているときの自分とは、なるべく離れた立場から。たとえば、一晩寝て、起き抜けの「しらけた気分」で読んでみる。

「なぜ？　それから？　だから？」などと、読み返しながら確認していくと、昨晩気がつかなかったところがいろいろ見えてくるはずです。文章は見直しが大切なのです。

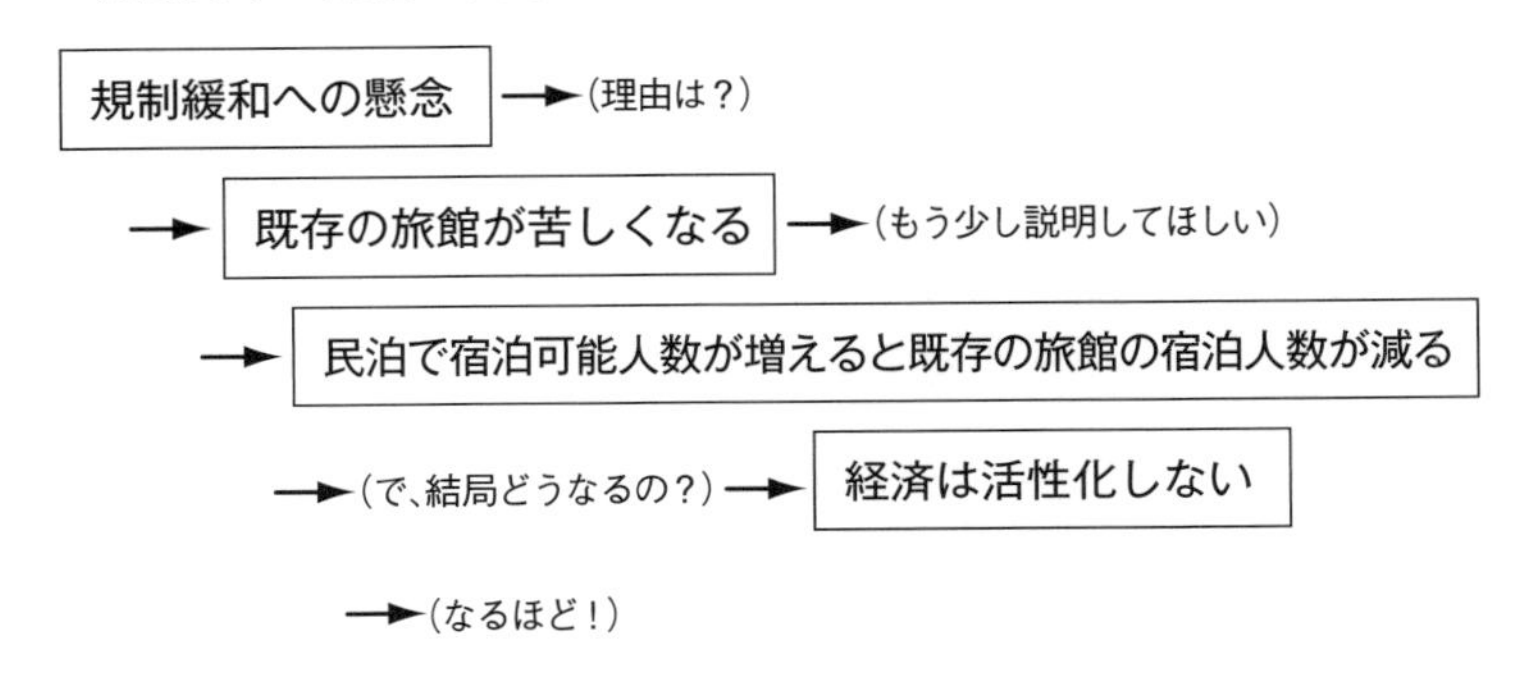

6 理屈をつなげてスッキリさせる②

しりとり方式になるよう気を使う

■「しりとり」で文章は分かりやすくなる

「しりとり」とは、あめ↓めかた↓たんぼ↓ぼうし↓…のように、ある単語の語尾と次の単語の語頭の発音が一緒になるように、語をつなげていく遊戯です。

分かりやすい文章を書くためにも、この「しりとり」の方式が役立ちます。つまり、**一文の後の方に出てきた単語と、次の文に出てくる単語が同じ単語か類義語、ないし、前の単語から容易に連想できる単語**であるといいのです。

下の文例を見てみましょう。旅の記録みたいですね。こ

■時間順で書いただけだと内容が散漫になる

元の文 ▶ 船は桟橋についた。そして、乗客たちが次々に乗り込み始めた。彼らは待ちくたびれていたのだ。夜明け前であった。屈強な男たちがやって来て、燃料と荷物が手早く運び込まれ、また出航となった。

ういう場合は、起こったことがベースにあるので、その発生順に書くといいと思うかもしれません。でも、何だか文章があちこちと散らかっている感じがしませんか？

■新しい情報ばかりだと疲れる

「船は桟橋についた」から「乗客たちが乗り込み始めた」のはいいとして、なぜ「待ちくたびれていた」のでしょうか？　時間は「夜明け前」です。到着が遅れたのでしょうか？　それならそれで、前に書いてあれば迷わないのに…。

さらに「夜明け前」という時間から「屈強な人夫たち」という人間への描写に移り、「なぜ、男たちが出てきたのかな？」と疑問に思うと、「燃料と荷物が…運び込まれ」と次に説明されている。「出航」とあるので、この描写は船の到着から出発までのあわただしい時間を描いたものだと分かります。でも、読む方が「はてな？」と立ち止まって考えなければならないことが多い。それが何となく「読

■読者の予想に合わせて単語を選ぶ

改善文 ▶	船は、夜明け前、桟橋にやっとたどりついた。待ちくたびれた乗客たちは次々と乗り込んだ。燃料と荷物も、屈強な男たちによって手早く運び込まれる。また出航だ。

みにくさ」を誘っているのです。

■「しりとり」を応用する

これを「しりとり」方式で並べかえてみると、つながりがすっきりします。たとえば、前ページの改善文には、3組の「しりとり」が出てきます。

まず、①から②は「やっと→待ちくたびれ」、②から③は「乗客たち→燃料と荷物」、③から④は「運び込まれる→出航」と、それぞれ、後の文は、前の文から容易に予想できる類義語を使っています。そのため、前の文の文末あたりを読むと、次の文の出だしが、何となく予想できる。予想に反した言葉は出てこない。だから、スムーズにつながって、読みやすくなるわけです。

■情報は芋づる式に並べる

これは「芋づる」式とも言えそうです。**最初に共有され**

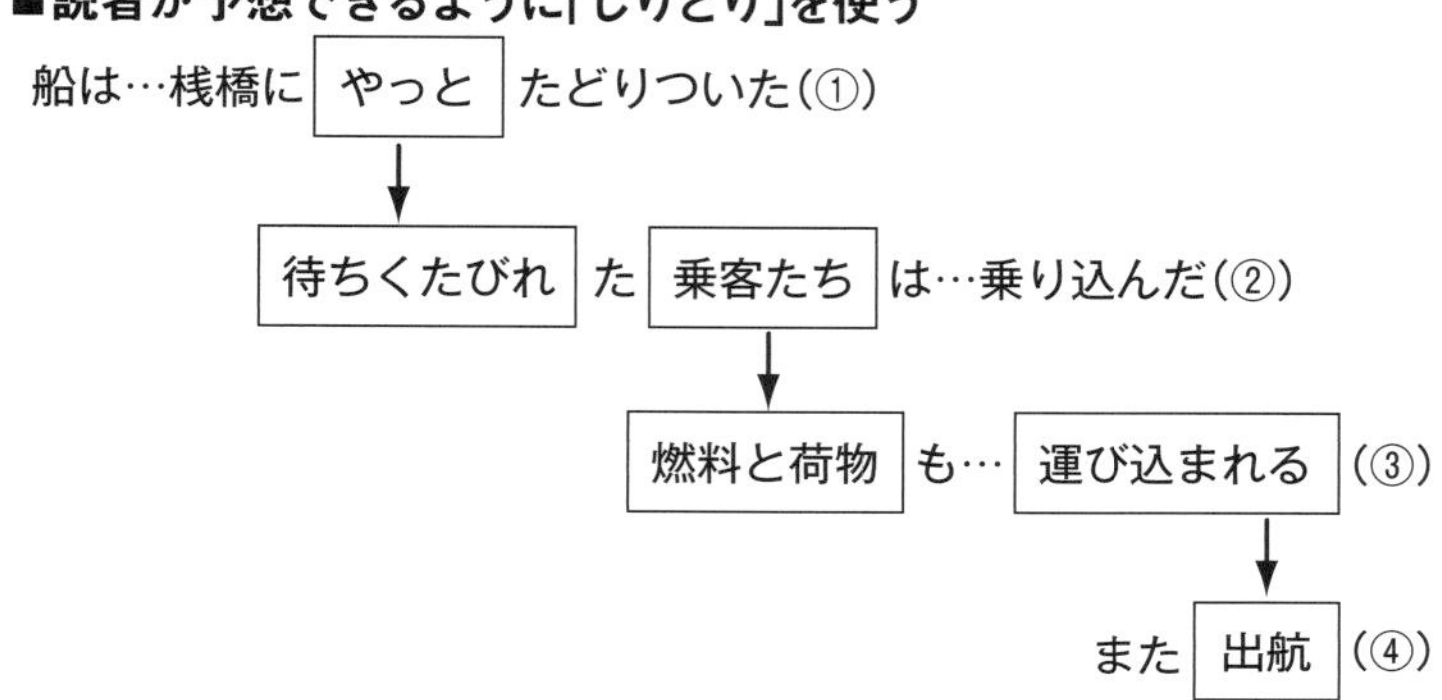

た情報から、次の情報が簡単にたどれる。そうすれば、**元の情報から次の情報へと弾みがつき、事態がどんどん進行する感じが強まります。**その逆に、次の文に含まれる情報が簡単に予想できなければ、いちいち立ち止まって「なぜ、これが出てきたのか？」と考えなくてはなりません。これは疲れますね。

元の文なら、とくに「夜明け前」のところは難しい。「時間」なので、何かそれに対応した内容が出てくるのかな、と読者は予想している。ところが「屈強な男たち」という人間が突然出てくる。

もちろん意外性を狙うなら、これでもいいでしょうが、ここは「屈強な男たち」が強盗に変わり、出航できなくなる…など、状況を完全に変えるわけでありません。「出航」という次の文の内容が素早く予想できるように、「しりとり」方式、あるいは「芋づる」式を使うべきなのです。

■しりとりの情報の流れは、古い情報から新しい情報へ、である

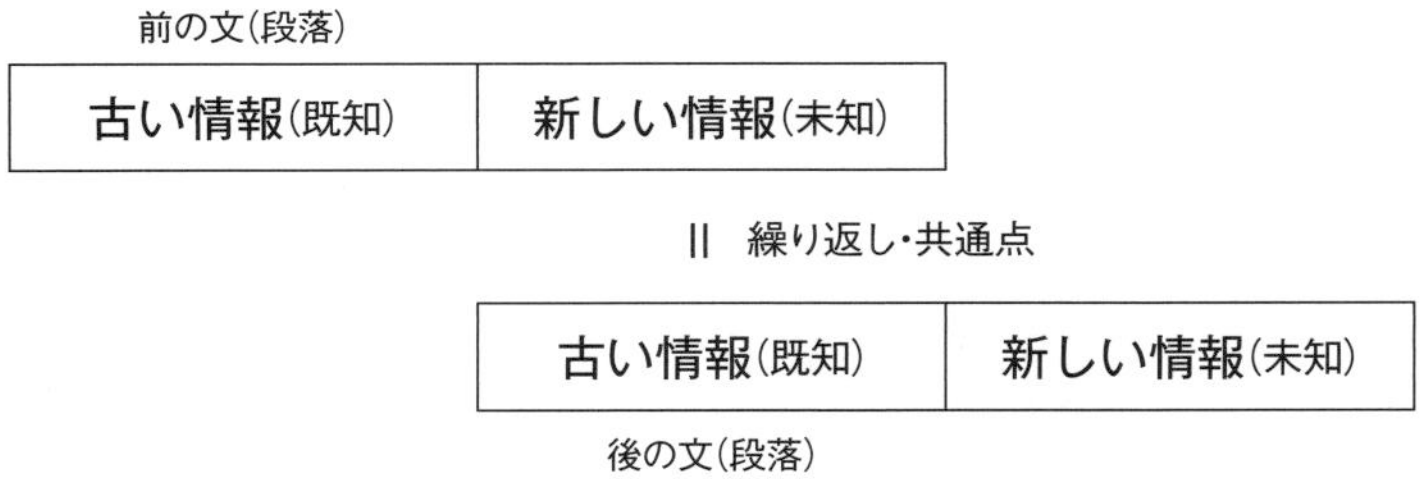

前の文（段落）

古い情報（既知）	新しい情報（未知）

|| 繰り返し・共通点

古い情報（既知）	新しい情報（未知）

後の文（段落）

6 理屈をつなげてスッキリさせる③

あれこれダラダラつながない

■感じたことをそのまま書かない

下手な文章とは、思ったこと・感じたことをそのまま書く文章のことです。そういうふうに言われると、びっくりする人も出てくるかもしれません。小学校以来、「感じたことをそのまま表現する文章」は「いい文章」と言われてきたからです。

でも、よく考えれば、「感じたこと」と「言われたこと」「書かれたこと」は同じではありません。なぜなら、「感じる」ことには順序はないのに、言う・書くという行為には

■順序が整理されていない文章

元の文 ▶	「郷に入ったら郷に従え」は現代では通用しない。文化の異なる人々との交流が増え、母国語以外に英語を習得する能力が求められる。文化、歴史の違いも大きい。今後は中国語なども含め、複数の言語を習得すべきだ。また、相手との違いを認識しつつも積極的に関わるべきだ。政府が教育を強化すべきだと考える。

順序が必要だからです。

たとえば、ある人のことを「いいと思うのに、何だか好きでない」という気持ちは、ときどき感じられます。でも「あの人はいいけど、嫌い！」と言葉にすると何だか妙です。言葉だと「いい」ならば「好き」になりそうだし、「嫌い」なら「いい」にはなれないはずで、二つは両立しません。矛盾するとなると言葉としてはおかしいのです。

■文章は矛盾を避ける

言葉では、矛盾をそのままにはしておけません。だから、矛盾は「いい＝好き」か「よくない＝嫌い」か、というふうにつながりやすい。でも、一つに決めると、もう一つの気持ちが納得できない。このように、感じることと、書くこと・言うことにはズレがあるのです。

たとえば、前ページ下欄の文例では「グローバル化」に関して感じたことが並べられています。「外国語教育が大

■感じたことはそのまま文章にならない

> **改善文 ▶** 現代は、文化が異なる間での交流が増えた。この状況に積極的に関わるには、まず外国語習得が大切になる。言語は国の文化、歴史を伝える。英語以外にも中国語など、複数の言語を習得して、異文化への寛容度を高める必要が出てくる。政府もそのような多言語教育を強化すべきだ。

事だ」という真情はあふれているのですが、読んでもグチャグチャしています。とくに「英語の必要」と「中国語」「言語と文化の関係」「複数の言語」「教育」との関係がどうつながっているのか、分かりません。

■文章はリニアなメディアである

これが前ページの改善文だと、最初の「グローバル化」から、「だから」「なぜか」のつながりで最後の「政府も多言語教育を強化すべき」という提案まで、一直線につながっています。つまり、**文章や言葉は**、複線的な「思い」「考え」とは違って、**直線的な媒体、あるいはリニアなメディア**なのです。

それに対して、絵はいくつもの事柄を並列して表せます。「思いがあふれる絵」もあるでしょうが、それは文章のように一直線である必要はありません。むしろ、そちらに一つ、こちらに一つというように思いが散らばっているもの

■理屈が一直線につながって加速すると、理解が早まる

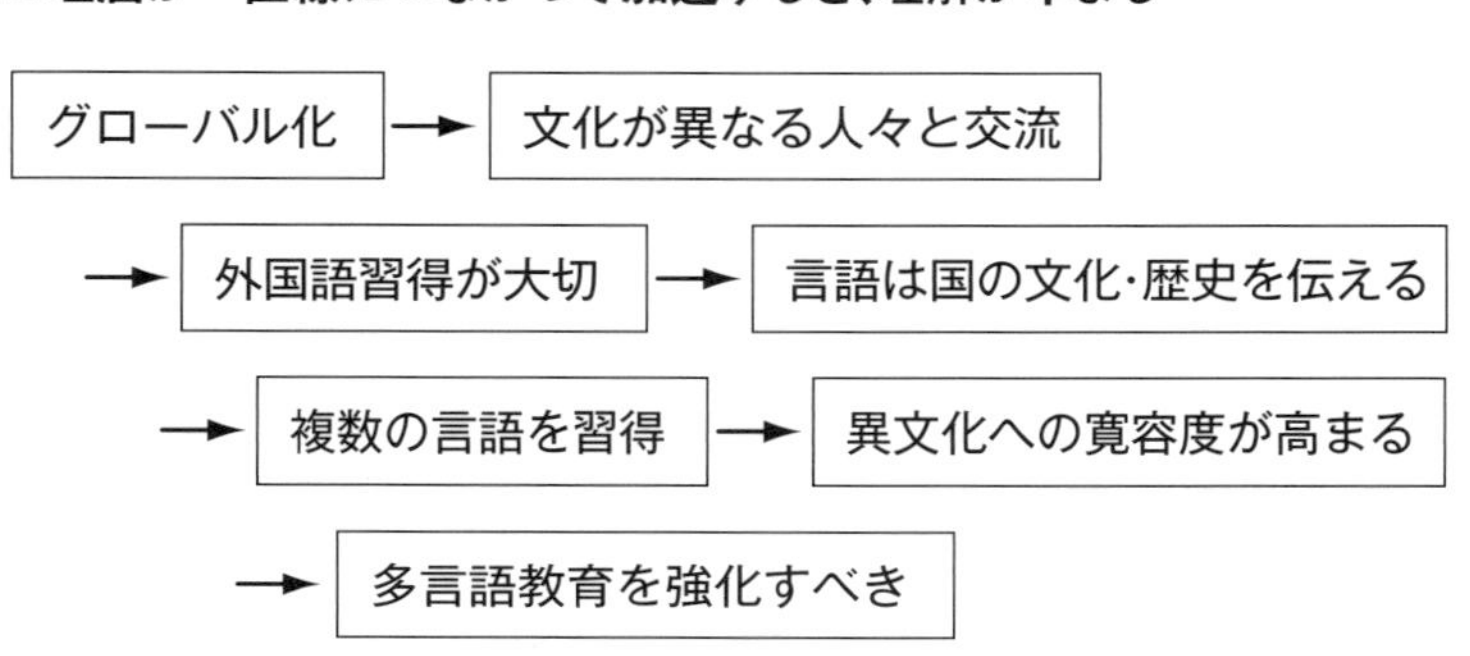

を描いて構わない。それが全体としてバランスよくまとまっており、それにさらに思いがあふれる。つまり、絵は、いくつもの事柄を並列して表すメディアなのです。

■ いい感じだけでは、いい文章にならない

人間は、自分の「思い」「感じ」を表す、いろいろな媒体を持っています。文章も絵もその一つであり、それぞれに得意分野があるのです。その特徴を活かすような構成や表現が「いい文章」「いい絵」を作るのであり、それを無視すると、いくら「思い」や「感じ」があってもうまく伝わらないのです。

文章は、気持ちを表すメディア（媒体）の一つであり、気持ちそのものではありません。いい感じを伝えるためにも、メディアのテクニックを磨くことが必要なのです

COLUMN 3

「とにかく」「やはり」は急ぎすぎ

「この問題はこう考える！」と一刀両断にした方が「決断と実行」という感じがします。でも、次の文はどうでしょうか？

> 原発は危険だと言われる。エネルギー源がないから日本には必要だという意見もある。**だが**、とにかく国民生活は維持しなければいけない。**やはり**、原発は必要なのだ。

原発にはさまざまの意見があり、ちゃんと考えないといけません。「国民生活の維持」だけでOKなのか？　「国民生活の維持」とは何か？　現在、稼働している原発はとても少なくなっているはずです。それで何も不自由はない。それなのに「必要だ」と断定する。ちょっと性急すぎる感じがしませんか？

本来「とにかく」「やはり」は次のように使います。

> 三日徹夜したが、仕事は進んでいない。休みたい。しかし、**とにかく**、期日までに完成しなければならない。**やはり**休めない。

事情があって、思いが無視されるニュアンスです。こういう言葉を、考えて結論を下さねばならないときに使うのは不適切です。「早く結論を！」と迫られてもハショってはいけないのです。

第 4 章

段落をすっきりさせる

意味のまとまりをよりはっきり感じさせる

7 段落を切って流れを整理する①

段落はとりあえず切ってみる

■段落とは何か?

段落とは、意味の切れ目だと言われています。しかし、どこでどう意味が切れるのでしょうか? そもそも「意味が切れる」とはどういう意味なのでしょうか?

下の文例を見てみましょう。「市政だより」か「市民へのお知らせ」など、地方公共団体が配る文書の一部のようですね。市民の皆様へ「動物園を作りたい」と訴えているわけです。

もちろん、みんなの賛成を得なければ作れませんから

■多様な内容が一つになってしまっている文例

元の文 ▶	市は動物園の新設を検討しています。娯楽だけではなくコミュニケーションの場として動物園は大切です。言葉の通じない動物とふれあい、過ごすことは子供たちの心の発達にも良く、情操面を大きく発達させてくれます。家に閉じこもりがちの高齢者の方も、疎外感、孤独感を軽減し心身共に健康になる場を提供できます。

「動物園を作れば、こういう良いことがありますよ！」と具体的にアピールしなければなりません。**読者に対する働きかけのあり方が違う**わけですね。ですから、この文章は短いですが、以下の二つの部分に分かれることになります。

①動物園を作るという計画（意思）を表明する
②動物園の効用を訴える

これが段落を切るときの基礎になります。①は第二文まで、②は第三文以下になります。だから、この下の**改善文**のように、第二文の後で段落を切り、一字下げて第三文を始めれば「ああ、ここで意味が変わるんだ」ということが見やすくなるわけです。

■一文だけで段落分けしない

当然ですが、段落のはじめは、読者の注目を引くことが

■段落は複数の文が集まって一つの意味をなす

改善文 ▶　市は動物園の新設を検討しています。娯楽だけではなく、コミュニケーションの場として動物園は大切です。

　言葉の通じない動物とふれあい、過ごすことは子供たちの心の発達にも良く、情操面を大きく発達させてくれます。家に閉じこもりがちの高齢者の方も、疎外感、孤独感を軽減し心身共に健康になる場を提供できます。

できる場所になります。だから、それをねらって、内容を強調したいときに、段落を切ることもあります。たとえば、下のように、段落を切ることで、まず第一文に注目させて「動物園作るぞ!」と強調するわけです。

ただ、このやり方は「ルール違反」だと言われています。なぜなら、**段落の定義とは、複数の文が集まって、一つの意味のかたまりをなすもの**だからです。だから、段落は、原則的に、二文以上から構成されなければいけません。その意味で、一文だけの段落は例外的な書き方です。

■わざわざルールを破るだけの意味があるか?

つまり、こういう書き方は「ルールを破るというリスクを犯しても、この表現でしか表せないことがある!」という確信がなければ、基本的には、やってはならないのです。「ここは、ちょっと強調しておきたいから」という軽い感覚でやってはいけない。

■一文一段落だと、逆に見にくい

市は動物園の新設を検討しています。

娯楽だけではなく、コミュニケーションの場として動物園は大切です。

言葉の通じない動物とふれあい、過ごすことは子供たちの心の発達にも良く、情操面を大きく発達させてくれます。

家に閉じこもりがちの高齢者の方も…(以下、同文)。

実際、文例で、第一文と第二文を段落分けすると、第三文は「子供」、第四文「高齢者」とそれぞれ内容は違うので、ここでも段落を切らねばならなくなります。結局、それぞれの文で全部段落が切れるということになる。

これでは、複数の文をまとめて意味のかたまりを作って理解しやすくする、という働きが意味を失います。だから、一文一段落という表現は、文学などで使われる破格の表現として、日常的な文章では基本的に避けた方がいいのです。

■段落の感覚を取り戻す

日本語の文章では、複数文から段落を作る感覚が鈍いのが特徴です。これは、昭和の初め頃に、川端康成などが、一文一段落などを多用したことが影響しています。でも、その前の芥川龍之介などでは、複数文による段落という原則が守られていました。我々は川端の革新をお手本にする必要はありません。その前の伝統に戻ればいいのです。

■昭和より前の伝統に戻るべき

一文だけの段落
＝
例外的・破格の技法

7 段落を切って流れを整理する②

言いたい内容と細かい情報を分ける

■段落の中身は二つ

段落は、ただ、適当なところにブツブツと切れ目を入れればできあがるわけではありません。段落の中身や構成にも注意を払うべきでしょう。

段落は、ポイントとサポートの二つの部分からなります。

前者は、言いたい内容を（なるべく）一文でまとめたところ、それに対して、後者は、ポイントで簡単に述べたことを、よりくわしく分かりやすく言い換えたり、具体的に例やデータなどの細かい情報を出したりするところです。

■言いたいことが見つかりにくい文例

元の文▶　子供たちの心は、言葉の通じない動物とふれあうことで発達します。また、家に閉じこもりがちな高齢者も、動物とふれあうことで疎外感、孤独感が軽減されます。動物との交流は心身の健康にも大切なのです。だから、**市は動物園の新設を検討しているのです。**

■ポイント・ファーストが原則

だいたい、**段落の冒頭にポイントを一文で置き、その次にサポートを続けます**。この順番をポイント・ファーストと言います。日本語だと「頭括式」と言われますが、これは、言いたいことが早く分かるやり方です。それに対して、つまり言いたい内容を段落の最後に置くやり方は、ポイント・ラスト（尾括式）と言います。

前ページ下欄の文例は前節とほぼ同じですが、ポイント・ラストになっています。子供と高齢者の双方に「動物とのふれあい」が有効だと説明した後で、最後に「動物園の新設を検討している」という市の意思を表明しています。それに対して、下の改善文では、市が「動物園の新設を検討している」と最初に宣言して、それから「なぜ、そういう検討をしているのか？」という理由や事情を述べています。

■ポイント・ファーストを励行する

改善文 ▶　**市は動物園の新設を検討しています**。なぜなら、動物は、コミュニケーションの機会を広げるからです。子供たちの心は、言葉の通じない動物とふれあうことで発達します。また、家に閉じこもりがちな高齢者も動物とふれあうことで、疎外感、孤独感を軽減されます。動物との交流は心身の健康にも大切なのです。

■ポイント・ラストはまだるっこしい

ポイント・ファーストでは、この文章の言いたいことが最初にまとめられ、そのうえで細かい情報へと枝分かれしているのですが、ポイント・ラストでは、細かい情報が先にあって、言いたいことが後からまとめられています。

両者とも意味は通じますが、現代人は忙しいので、言いたいことを早く知りたいし、細かい内容は後から確認すればいいのです。**読者からすると、ポイント・ファーストが便利**で、ポイント・ラストはまだるっこしい。

■思考の順序とは逆

しかし、書く方から言うと、自然なのはポイント・ラストです。むずかしい問題であればあるほど、どうしたらいいかと考えた末「ああ、これだ。こうしよう！」と決める。こういう心の動きは、まさにポイント・ラストでしょう。

■段落の基本構造は、ポイントが先立ち、サポートが続くこと

段落の構造

ポイント	言いたい内容をまとめた一文
サポート	・ポイントのくわしく分かりやすい言い換え ・具体例やデータの細かい情報

問題なのは、読む方と書く方でプロセスが逆なことです。書く方にとって自然だと、読む方はまだるっこしく、読む方に合わせると、書く方には考える順序と逆になる。さて、どちらに合わせるべきか?

■文章の順序は読者心理を優先する

これは、もちろん読む方に合わせるべきです。どんな文章でも自己満足のためではなく、他人に言いたいことを伝えたいために書くからです。とすれば、**自己表現より、他人に読みやすい文章を優先すべき**でしょう。

書く方の思考プロセスに丁寧につきあいたい、というような読者の場合には、ポイント・ラストがいい。文学作品では、あえて読者を「この先どうなるか?」というサスペンスの中に置くために、言いたいことを最後まで出さない「どんでん返し」がよく使われます。でも、特殊な効果を狙わないのなら、ポイント・ファーストで十分なのです。

■ポイントは段落の最後ではなく、先頭に置くのが基本

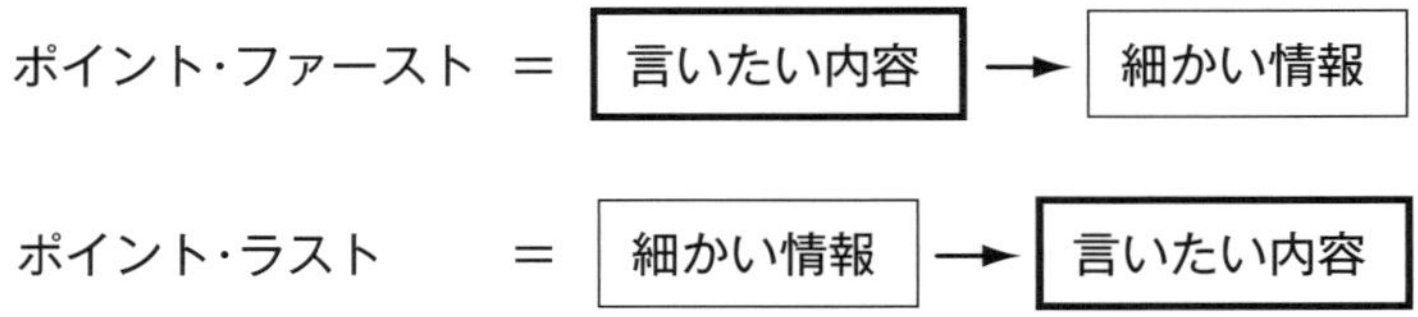

ポイント・ファースト ＝ 言いたい内容 → 細かい情報

ポイント・ラスト ＝ 細かい情報 → 言いたい内容

7 段落を切って流れを整理する③

ポイントの選択が文章を決める

■ポイントを決める

段落はポイントとサポートに分けるべき、と書きましたが、書いてみると、なかなかそういうわけにはいきません。つい、下の文例のようなゴチャゴチャした文章を書きがちです。

こういう場合は、何をポイントに立てたらいいか、つまり、**何が一番言いたいことか、と自問することから始めましょう**。「うまく普及するにはどうしたらいいか」を書きたいのなら、それが最初に来るし、「うまくいかない原因

■どれがポイントなのか、曖昧な文例

> **元の文▶**　沖縄で二千円紙幣が普及したのは、行政と経済界が使用を促し、ＡＴＭが対応したからだ。しかし、他地域ではＡＴＭで扱われなかった。米国では、日常でカードが使われ100ドル紙幣は偽札を警戒される。だから20ドル紙幣が主に使われる。だが、日本は安全で、一万円札を使用しても疑われない。だから、二千円紙幣は普及しないのだ。

は何か」を書きたいのなら、そちらが冒頭に来ます。

■**問題が違うと書き方も違う**

下の改善文では「なぜ、普及しないか？」に対して、「ニーズがないから」とまず解決が述べてあります。それから、米国との対比が行われ、偽札を警戒する必要がないから、一万円札で足りること、さらに、ATMで扱われなかったことが問題だとしています。

それに対して「普及させるにはどうしたらいいか」なら、次のようになります。

二千円紙幣を普及させるには、行政と経済界の協力が必要だった。なぜなら、放置するだけでは、使う動機が出てきにくいからだ。たしかに、米国では20ドル紙幣が普及しているが、日常ではカード、小切手が使用され100ドルは偽札と警戒されるので、20ドル紙幣が使用される。それに対して、

■**ポイントが違うと、段落の組み立ても違う**

改善文▶　二千円紙幣が普及しないのは、ニーズがないからだ。たとえば、米国では、日常はクレジットカード、小切手が使用され100ドル紙幣は偽札を警戒される。だから20ドル紙幣が使われる。それに対して、日本では一万円札を疑われずに使用できるので、沖縄以外では、ＡＴＭで二千円紙幣は扱われなかった。

日本は一万円札を使用しても疑われず、二千円紙幣を使用する動機に欠ける。沖縄では行政が経済界に促したのに、他の地域では、そうした動きが乏しかった。行政がもっと働きかけるべきだった。

まず、普及させる方法とその理由が述べられます。それに対比して、アメリカの事情を述べ、日本と違うことが主張される。最後に沖縄の成功例を引き、それをお手本にすべきだ、としめくくります。

■ポイントによって、文章も変わる

もちろん「沖縄の特殊事情」をポイントにすることもできます。たとえば、以下のようになるわけですね。

沖縄と本土の行政姿勢が違うことは多い。たとえば、二千円紙幣は、行政が経済界に促し、ATMを対応させたため、

■材料が同じでも、組み立てられるメッセージは違ってくる

何をポイントにするか？ → 材料の並べ方が違う

沖縄では普及したという。ところが、他の地域では、行政が積極的に働きかけなかった。だから、二千円紙幣が普及しないのだ。たしかに、米国では20ドル紙幣が普及しているが、日常ではカード、小切手が使用され１００ドルは偽札と警戒される。だから20ドル紙幣が使用される。しかし、日本は一万円札を使用しても疑われず、二千円紙幣を使用する動機に欠ける。行政の働きかけが欠かせないのに、それをしない本土が怠慢なのである。

今度は本土行政に対する批判になりました。新聞の投書欄なら、こんな感じもありそうですね。このように、**何を言いたいかによって、使われている材料は同じでも、組み立て方が異なります**。同じ材料を使っても、味付け次第で、肉ジャガとカレーというまったく別な料理になるように、何をポイントとするか、何をサポートとするか、という選択次第で、文章も違ったものになるのです。

説明・例示は丁寧に

■サポートでは何を書く?

ポイントは言いたいことを一文でまとめたものだとして、さて、サポート部分に書くことは何でしょうか? それは、ポイントを補足したり、なぜそのポイントが正しいかの根拠を出したり、ポイントに書いてあることが実際にも起こっている証拠を出したり…要するに「なるほど、ポイントに書いてあることは正しいんだ!」と読者に納得させるための材料を並べるわけです。

この場合、最初に出すべきは、理由や説明など、直にポ

■裏付けがすぐ了解できない文例

元の文 ▶ 二千円紙幣が普及しない原因は、ニーズがないからだ。**たしかに**、米国では20ドル紙幣が普及しているが、日常ではクレジットカード、小切手が使用され100ドル紙幣は偽札を警戒される。だからこれらのニーズが出てくる。それに対して、日本は一万円札を使用しても疑われない。だから、普及しなかったのだ。

イントの裏付けとなる理由でしょう。それから、それを裏付ける例示やデータを出していく。いずれにしろ、**ポイントに書いてあることの直接の裏付け**で、それを読めば「なるほど、そうか！」と分かる仕組みになっています。

■サポートはなるべく早く

前節の「二千円札」の文例をさらにシェイプ・アップして、考えてみましょう。改善前では「二千円紙幣が普及しない原因」を「ニーズがないから」と言うのですが、その直接の説明がなく、すぐ米国との具体的な比較に入っています。これだと、何となく、肩すかしの感じが残ります。

それに対して、下の**改善文**では「高額紙幣が安全に使えるから」と理由を述べ、その言い換えとして「一万円札が…偽札と疑われない」と説明し、その後で、具体的なイメージとして、米国との比較が出てきています。最後に「米国と日本は違う」から参考にならないとまとめていま

■サポートに書くのはポイントの裏付け

改善文▶　二千円紙幣が普及しないのは、日本では高額紙幣が安全に使えるからだ。一万円札がふつうに使用され、偽札と疑われない。**それに対して**米国では、買い物にはカード、小切手が使用され、100ドル紙幣などの高額紙幣は警戒されて受け取ってもらえない。だから20ドル紙幣が使われる。米国とは、事情が根本から違うのだ。

す。

■サポートは丁寧に書くのが基本

改善前と改善後を比べれば、後の方が、サポート部分がずっと丁寧に書かれていることがお分かりだろうと思います。ポイント「普及しない理由」が「高額紙幣が安全に使える」と明確にするだけで終わらず、「高額」「安全」の抽象的な表現をより分かりやすい表現（「一万円札」「偽札と疑われない」）に直して、理解できなかった人にも伝わるように工夫しています。さらに米国との対比をしてイメージを膨らませ、「米国と日本は違う」とまとめてダメ押しする。**理屈っぽいところから、しだいに具体的な述べ方になっていますね。**

これだけ手をかければ、理解の遅い人にも納得してもらうことができそうです。読者の理解力・判断力のレベルは、人により、いろいろです。文章は複数の人が見ること

■サポート部分はさまざまな方向から丁寧に書く

ポイント	二千円紙幣が普及しないのは高額紙幣が安全に使えるから
サポート1：説明	一万円札が…偽札と疑われない
サポート2：対比	米国では…高額紙幣は警戒される
サポート3：評価	米国と日本は違うから参考にならない

が想定されます。だとしたら、なるべく多くの人に理解できるように、書く方で工夫する必要があります。

■誰を読者として想定するか？

もちろん、理解が速い人、例えば仕事のできる上司だったら「分かりきったことを、お前は、なぜ、なかながと説明しているんだ?!」と怒りだすかもしれません。その場合は、そこは**相手をよく見て、どこまでかみ砕けばいいのか、ご自分で判断**してください。

逆に、子供が相手なら、当たり前のことでも、かんで含めるように書かなければいけないでしょう。いずれにしろ、あまり事前の知識がない人や理解力の遅い人にきちんと説明ができるならば、そこから適当にはしょることで、理解が早い人も納得のいく説明に加工することは簡単にできるはずです。丁寧に書くに越したことはないのです。

■理屈っぽいところから、次第に具体的な述べ方にする

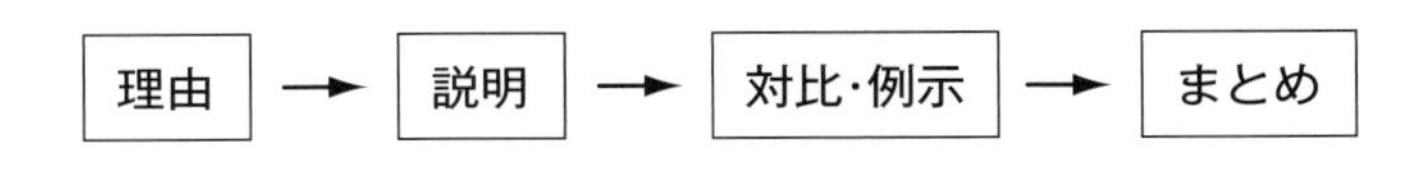

8　中身を区分けする①

全体の構成を決める

■文章の全体構成はいろいろ

文章構成については、いろいろな説があります。古来有名なものでは、起承転結という構成があります。おもむろに始まり、それが発展し、新たな局面に展開し、最後にまとめる。これはもともと漢詩の方法です。

たとえば、次の詩では、戦争で荒れ果てた土地を描写することからゆっくりはじめ、それから、傷ついた気持ちを語り、一転して、その原因である戦争と家族の別離に話を転じ、衰えた自分の姿でまとめています。

■感想文や随筆風の構成

エッセイ ▶	この頃、市民講座からお呼びがかかることが多い。出席者は中高年が多く「源氏物語を読む時間が至福の時です」などとお礼を言われる。昨今の大学では文学や哲学は「役に立たない」として学生はやりたがらないが、大人は違うものを求めているらしい。

国破れて山河在り／城春にして草木深し（**起**）
時に感じては花にも涙をそそぎ／別れを恨んでは鳥にも心を驚かす（**承**）
烽火三月に連なり／家書萬金にあたる（**転**）
白頭かけばさらに短く／すべて簪（しん）にたえざらんと欲す（**結**）

謡曲（能の台本）では「序破急」も言われます。おもむろに始まるところは同じですが、それがさまざまな形に変化して、最後は急激にまとまる。アリストテレスも、ギリシア悲劇についてほぼ同じようなことを言っています。つまり、**起承転結や序破急は物語的な構成**なのです。

■論理的な文章の場合

でも、論理的な文章の構成はそれとは違っています。普

■意見文や論文・論説風の構成

論理的文章 ▶ 大学では「実学」が売りになるが、市民講座ではむしろ哲学や文学などの「役に立たない」学問に人が集まる。これは学ぶ層の違いだ。すでに働いて収入を得ている大人は、今さら法律など「実学」はやりたくない。むしろ、自分の時間を充実させたい。若者より、むしろ中高年が好きなものを純粋に追求しているのだ。

通よく言われるのは、序論・本論・結論でしょう。最初に話題を示して、それから本格的に検討して、最後に言いたいことをまとめるわけです。

論理的な文章では、問題・解決・根拠などという分け方も言われます。はじめに、疑問・対立・矛盾などを示して、それを解消する。なぜ、そういう解決になるか、どういう仕組みか、データは何か、など細部を考察したところが根拠。解決（＝結末）を最後に置いて「問題・根拠・解決」という順序にすれば、「序論・本論・結論」とほぼ重なります。

■エッセイ・随筆は感想文である

これがエッセイ・随筆など、もう少し自分の心情に即した文章になると、この構成法だとちょっと冷たすぎる感じがします。だから、**エッセイ・随筆は体験・感想・思考**という順番になる。自分の身に起こった個人的な出来事をきっかけに、感じたことを述べ、さらに、それを「人間はこう

■論理的文章では、問題とその解決が基本構造である

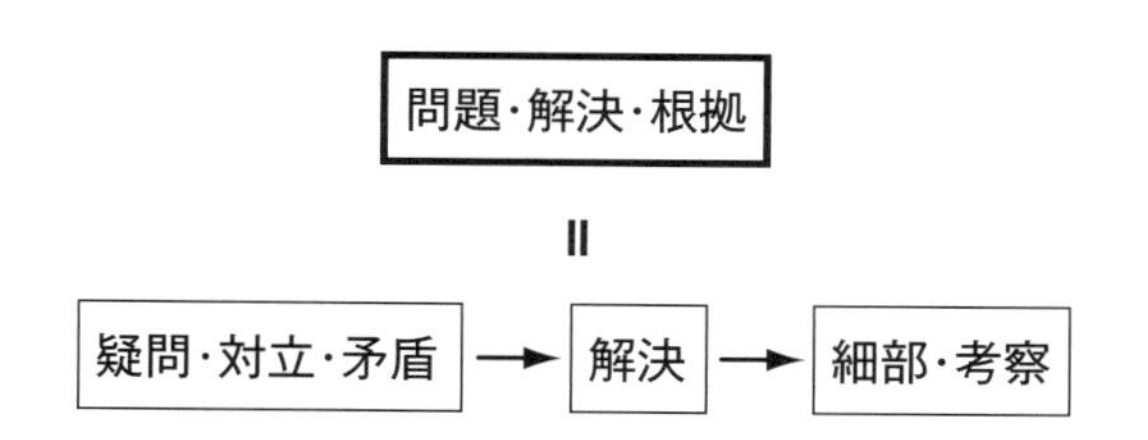

いうものだ」など、一般的考察につなげる。いわゆる「感想文」のスタイルです。自分に終始すると他人に伝わりにくいので、一般化がいるのです。

もちろん、この「体験」の部分だけを抜き出せば、「起承転結」や「序破急」などの「物語」の形式で書けます。発端となる事件があり、それがいろいろな人に影響を与え、あっと驚くような結末にいたり、速やかに終わる、など。

■構成は選択するもの

このように、構成はいろいろあるのですが、発端は「問題」「体験」「事件」など、何らかの解決や変化を要求している点は同じです。ただ、自分の書きたい文章の種類によって、とらえ方・述べ方が変わります。114・115ページ（下欄）の文例は、同じ内容を別な形式で書き直したものです。ずいぶん雰囲気が違うことがお分かりでしょう。

■エッセイ・随筆は出来事をきっかけに考察を深める構造

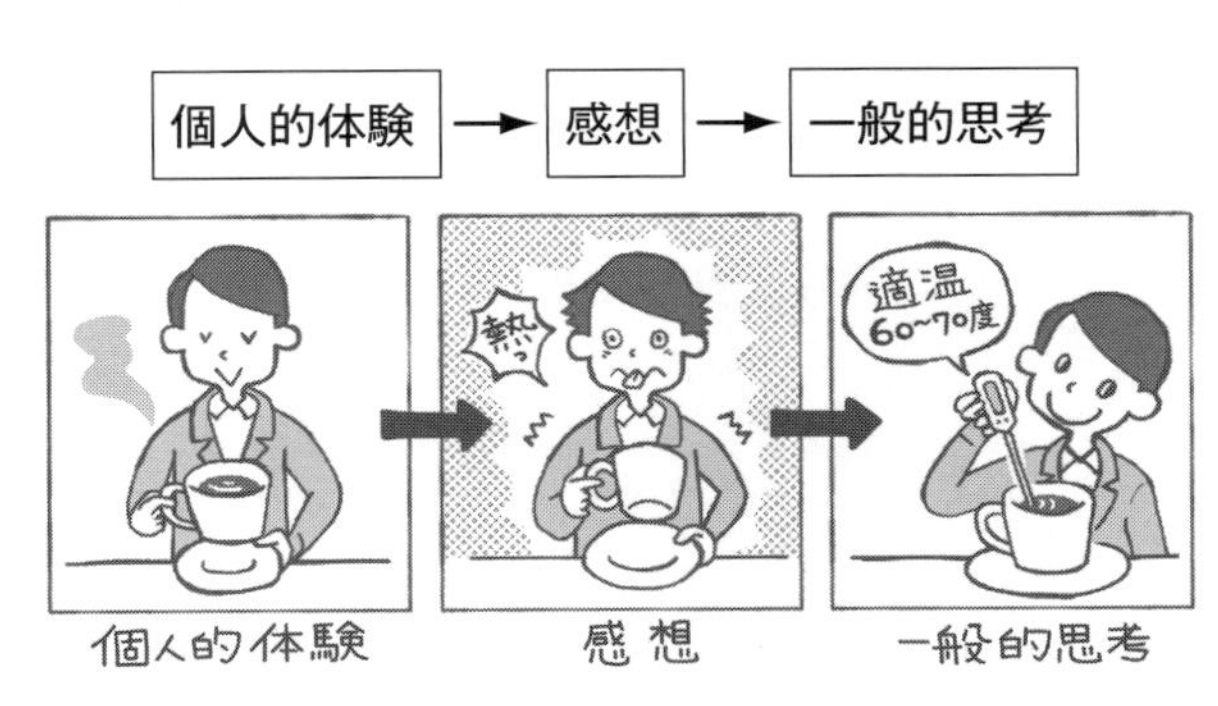

8 中身を区分けする②

序論は話題を出し、結論はまとめる

■文章の全体構成を押さえる

論理的文章は、他のスタイルに比べて、比較的書く機会が多いので、この項で構成を少しくわしく見てみましょう。

まず「序論」とは、問題の提示です。**問題は、疑問・対立・矛盾のどれかの形をしています**。つまり、疑問は「これは…だろうか?」、対立は「Aさんは…と言うけど、Bさんは~と言う」、矛盾は「考えると…となるはずなのに、現実は~になっている」という形です。

とはいえ、「Aさんは…と言うけど、Bさんは~と言う」

■対立が明確でない文例

元の文 ▶	京都の竹林は日本的自然の代表として保護されている。モウソウチクは中国原産で400年前に日本に持ち込まれたものだ。他方で、琵琶湖のブラックバスも1925年に持ち込まれたが、今では本来の生態系を乱すとして駆除される。同じ外来種でも、前者は保護、後者は駆除と、対応が分かれている。それが現代の「自然保護」の現実なのである。

は「どちらが正しいのか？」に、「考えると…となるはずなのに、現実は～になっている」は「なぜ、こうなるのか？」という疑問に結局はつながります。だから、疑問がはっきりしないと、論理的文章は書けないのです。

■話題の指摘から問題に到達する

疑問・対立・矛盾などを示すのはいいとして、そこまでの道筋はどうなるのか？　いきなり「…だろうか？」と問題を示すのも一つの手です。でも、他のやり方もあります。まず世の常識に触れて、それから常識がおかしいことを示し「なぜ、俺たち、こんなふうに考えちゃっているのだろう？」と読者／聴衆の疑念を呼び覚ます。あるいは、自分の体験を手がかりに「これ、何か変ですよね？」と問いかける。

このように問題に入る前に「これについて話したい」という話題を絞り込む、という段階が出てくる。このような

■対立を明確に出した文例

改善文 ▶ 京都の竹林は日本的自然として保護されている。だが、モウソウチクは中国原産で400年前に日本に持ち込まれたものだ。**それに対して**、琵琶湖のブラックバスは1925年に持ち込まれ、本来の生態系を乱すと駆除される。同じ外来種なのに処置が異なる。でも、ブラックバスを駆除するなら、モウソウチク林も皆伐し、京都本来の植生を取り戻すべきかもしれない。

「話題の設定から問題へ」という流れが、序論の典型的なスタイルです。何だか落語の「枕」みたいですね。

■常識の問題点を明確にする

118ページ下欄の文例では、まず「京都の竹林」という聞き慣れた話題を取り上げ、それから、ブラックバスと対比することで、我々の「常識」が矛盾しているという形で、問題を明らかにしています。

ただ、最初の文では、同じ外来種であるモウソウチクは保護され、ブラックバスは駆除されるのが、現在行われている「自然保護」だと報告しているだけですが、119ページ下欄の**改善文**では、同じ外来種なら同じ扱いにすべきなのに、違う扱いにするのは「矛盾」するのでおかしい、と指摘します。同じものは同じ扱いにすべき、なのは道理なので、「え、どうして、これだけこんな扱いになるの?!」という驚きが深くなるはずです。

■序論では、一般的な話題の中に潜む問題を摘出する

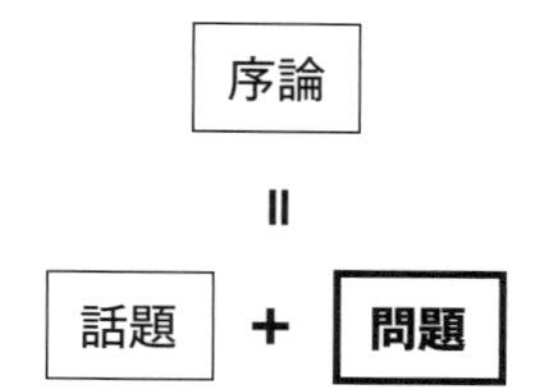

■逆説の効用

それだけではありません。本当に首尾一貫した対処をするなら「ブラックバスを駆除するだけでなく、モウソウチク林も皆伐しなきゃならないのでは？」と極端なことを言い出す。ちょっと、びっくりするような主張ですね。

ここまで読み進むと、読者は「簡単に読み過ごしていたけど、これは、もしかしたら容易ならぬ問題だったのかもしれない」という感じを持ちます。だから、ちゃんと考えよう、この先をしっかり読もう、と覚悟を新たにする。

目の前に何だか妙な問題が突きつけられると、人間は何とかしなきゃという気にさせられるものです。つまり、**序論で問題を明確化すると、解決を迫られるという効果を持つ**わけです。

参考文献：井上有一著「自然保護―わたしたちはいったい何を守ろうとしているのか」(『岩波応用倫理学講義2　環境』岩波書店、所収

■逆説的な主張は、読者を刺激して、問題を考えさせる

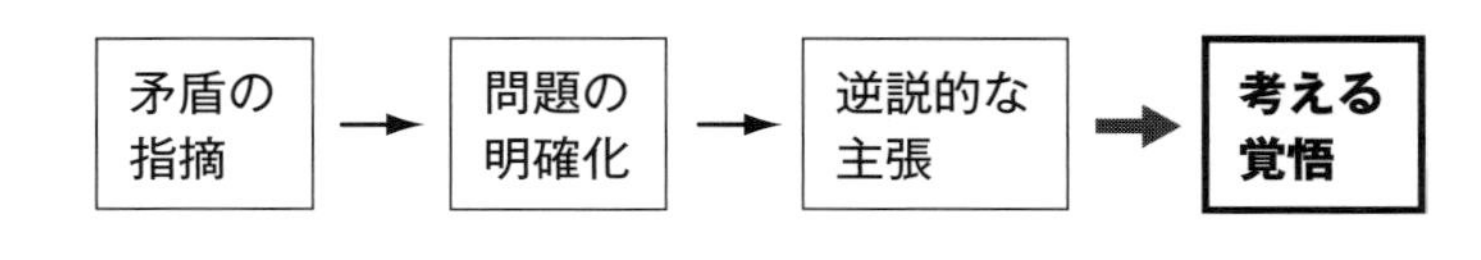

8

中身を区分けする③

本論では何を書くべきか？

■基本的に、理由→説明→例示の順に

さて、前節を受けて、本論を構成してみましょう。書くべきは、モウソウチクとブラックバスは同じ外来種なのに、片方は保護、他方は駆除と対応が違うのは矛盾していて、おかしいではないか、という主張に対して「反論する」ことです。だから、言うべき内容は決まっていて「矛盾していない」のです。

モウソウチクとブラックバスは外来種

■安易に理屈をつけると、本質から外れる

元の文 ▶ この主張は誤りである。なぜなら、モウソウチクを皆伐すると、美しい景観が失われ、京都観光に大きな影響があるからだ。観光客も減少する。経済に悪影響があるような自然保護をしてはいけない。まず、経済を第一に考えるべきなのだ。

↓

同じなのに、前者は保護、後者は駆除と対応が違う

↓

矛盾? ↓ 矛盾しない

この結論に向けて、本論をどう構成したらいいでしょうか? 今までやってきたとおり、理由↓説明↓例示の順に書いていきましょう。

■アイデアを出し方針を決める

同じものなのに対応が違うことを、どう言えば納得してもらえるでしょうか? この理屈で**「同じようだけど、実は同じでない」とすれば、対応が違っても矛盾しなくなります**。もちろん、モウソウチクとブラックバスが外国からやってきたこと自体は、事実なので変えることはできません。としたら、どこをどう変えればいいのでしょう?

たとえば「イネ」は弥生時代に伝わった、つまり「外国

■逆説は丁寧に説明する

改善文▶ この主張は誤っている。なぜなら、外国産でも日本に取り入れられているなら「外来種」ではないからだ。たとえば「イネ」は外国から伝わったが、水田は日本の景観になり「外来種」とは言わない。竹林も日本的景観になり、タケノコは料理に使われている。**それに対し**、ブラックバスは琵琶湖の漁業に被害を与え、食材料にもならない。対処が異なって当然だ。

からやってきた生物」ですが、わざわざ「外来種だ！」と非難する人は誰もいません。在来種を守るために、日本の水田をすべて破壊しなければならない？　まさか?!

「イネ」は全国に伝わって、日本文化の欠かせない一部になっています。だから「イネ」は外国からやってきた生物だけど、ことさらに「外来種」とは言わない。もし、モウソウチクも「イネ」と同じように日本文化の一部になっているのなら、「外来種」のブラックバスと対応が違っても問題ないはずです。実際、タケノコなど、日本的な料理によく使われています。

■外から来ても「外来種」とは言わない？

つまり、モウソウチクが、たとえ外国から渡ってきた生物でも、すでに日本の一部となっていると認められているのであれば「外来種」ではない。だから、それを理由として、対処も違っていいのです。

■逆接をなるほどと思わせる理屈をつける

理由	外国から来た生物でも「外来種」とは言えないから
説明	文化の一部となれば、「外来種」とは考えられない
例示	・「イネ」は弥生時代に伝わったが、日本の一部になった ・モウソウチクもタケノコ料理、京都の景観などの一部 ・vs. ブラックバスの食文化もなく、「外来種」のまま
結論	対応が変わっても矛盾ではない

まず、説明では、**外国からやってきた生物というだけでは、必ずしも「外来種」とは言えない、という理路を提示**します。続く例示では、「イネ」は弥生時代に伝わった生物だけど、「外来種」とは言わないことを述べたら、納得しやすいでしょう。後は、モウソウチクも、すでに「イネ」と同じ意味で、日本文化の一部になっていること、それに対して、ブラックバスは、まだ、そのようにはなっていないことを具体的に示せれば、終わりです。

■議論の方向を間違えない

この方向を間違えないこと。たとえば、122ページ下欄の文例のように「京都の経済に大きな影響があるから」という方向にすると、ブラックバス駆除はできません。なぜなら、釣り人がたくさん集まる「経済的効果」もあるだろう、と切り替えされるからです。これではダメです。

■微妙な意味の違いを検討することで、矛盾が解消できる

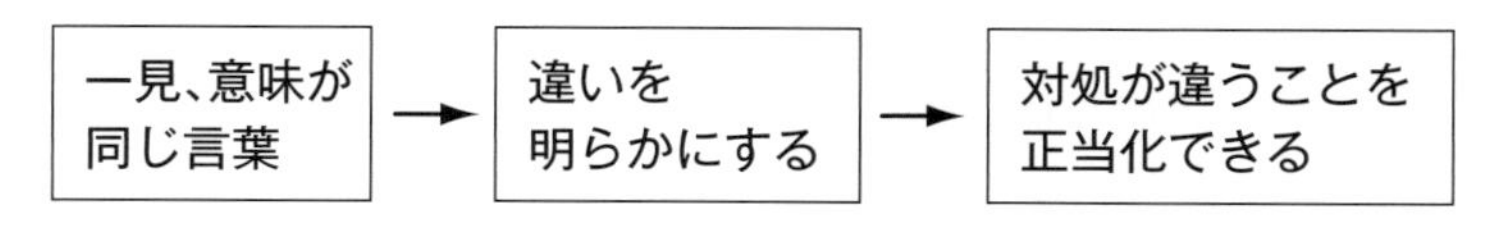

8

中身を区分けする④

本筋から外れずに理屈をたどる

■理屈を丁寧に追ってみる

もう少し、前節の話を続けさせてください。「モウソウチクを皆伐すると、京都の観光に影響を及ぼす」というように、本論を書いていくのは、なぜ、よくないのか？　それは、**議論の本筋から外れてしまう**からです。

下の文例は「モウソウチクを皆伐すると、京都の観光に影響を及ぼす」という本論に続く結論部になっています。このように、「自然保護」をするときに「経済を考えるべき」という流れになると、その後の結論がおかしくなりま

■筋道を間違えると結論が変になる文例

元の文 ▶ そもそも自然保護もやりすぎはよくない。経済にできるだけ影響が出ないようにしなければならないのだ。ブラックバスの駆除も、琵琶湖の淡水漁業に悪影響が出るから行っている。もしゲームフィッシングがさかんになり、琵琶湖に釣り人がたくさん押しかけたら、経済に好影響があるのだから、駆除しなくてもよいのである。

す。なぜなら、「自然保護」を主張しているはずなのに、いつのまにか「経済優先」になっているからです。

■経済を本論で展開する問題点

そもそも「自然保護」とは、本来、経済的な利益を犠牲にしても、自然や環境を保護しなければならない場合がある、という主張ではなかったでしょうか？　「経済が大切なのはもちろんだけど、自然や環境を破壊したらダメだよね」というような考え方が、「自然保護」の根底に存在したはずです。それが、いつのまにか「経済優先主義」になっている。これでは「自然保護」という論点を出した意味がありません。だから「経済に悪影響を及ぼすから」という方向はダメなのです。

それどころか、もしブラックバスを求めて釣り人がわんさか押し寄せたら、一転して「経済に好影響があるから」ブラックバス駆除を中止することになるでしょう。むしろ、

■観光に有害だから、という理屈が進む先は、むしろ「自然保護の否定」になる

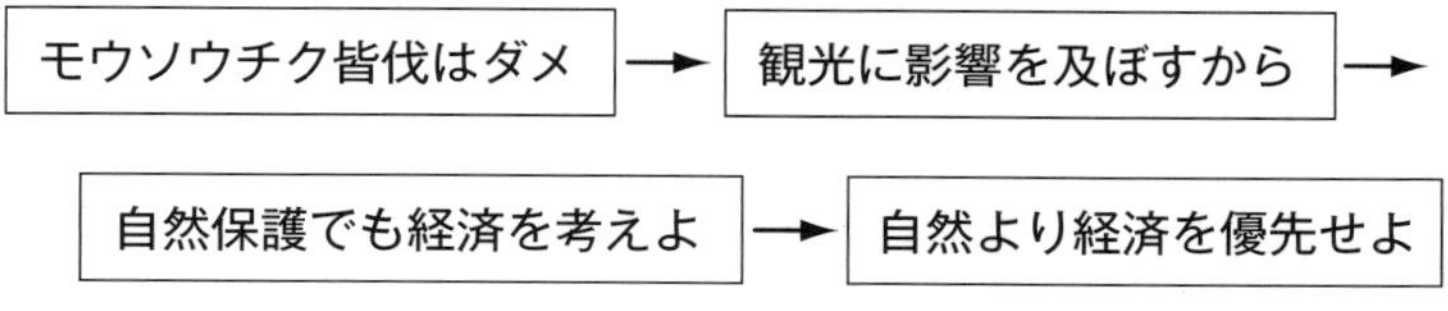

モウソウチク皆伐はダメ → 観光に影響を及ぼすから →

自然保護でも経済を考えよ → 自然より経済を優先せよ

さらにブラックバスを大量に放流し、琵琶湖を「ブラックバスの巨大釣り堀」にすればいいはずです。これでは、言いたいことが完全にひっくり返ってしまいます。だから「経済に影響を及ぼすから」説はおかしいのです。

たしかに、どんな問題でも、経済的に損得を考えて判断することはできます。だから、判断を迫られたときに、経済的損得から考える人は多い。しかし、その結果は、やっぱり「経済が優先」になってしまう。その結論が、最初の前提と矛盾しなければいいのですが、この「自然保護」のように前提が逆だと困ります。

■単純に二分しない

下の改善文では、本論で出てきた「自然と人間の共生システム」という言葉を利用して、結論につなげてみました。自然保護と言っても、たんに自然を守ればいいのではない。むしろ「自然と人間の共生システム」を守るのが本当の

■単純に決めつけず、より建設的にする

改善文 ▶	そもそも、自然は人間によって作られ、育てられる面がある。「外来」「在来」の区別も、それまで自然と人間の間で培ってきた共生システムを守るための概念であり、外国から来たかどうかで機械的に決められるわけではない。「モウソウチクを皆伐せよ」は、その共生システムを破壊する、という本末転倒の主張なのである。

「自然保護」という論旨です。

考えてみれば、水田は、明らかに人間によって変形されたものですが、「自然破壊」とは言えません。実際「棚田」などは、傾斜地をわざわざ人間の手で階段状にして、水田として利用しているのですから、ある意味で「不自然」きわまりないものでしょう。しかし、「棚田」は、むしろ「自然保護」の対象だと思われている。これは「自然保護」とは、「自然と人間の共生システム」を守る行為だと考えなければ、理屈に合いません。

つまり、人間の手が加わったから「人工」である、加わっていないから「自然」である、というように簡単に二分するわけにはいかないのです。外来／在来と同様に、自然／人間という単純な対比も考え直すべきだ、という、**より一般的で、建設的なとらえ方になっている**わけです。

■経済を優先する議論は、自然保護の議論とはまったく違う

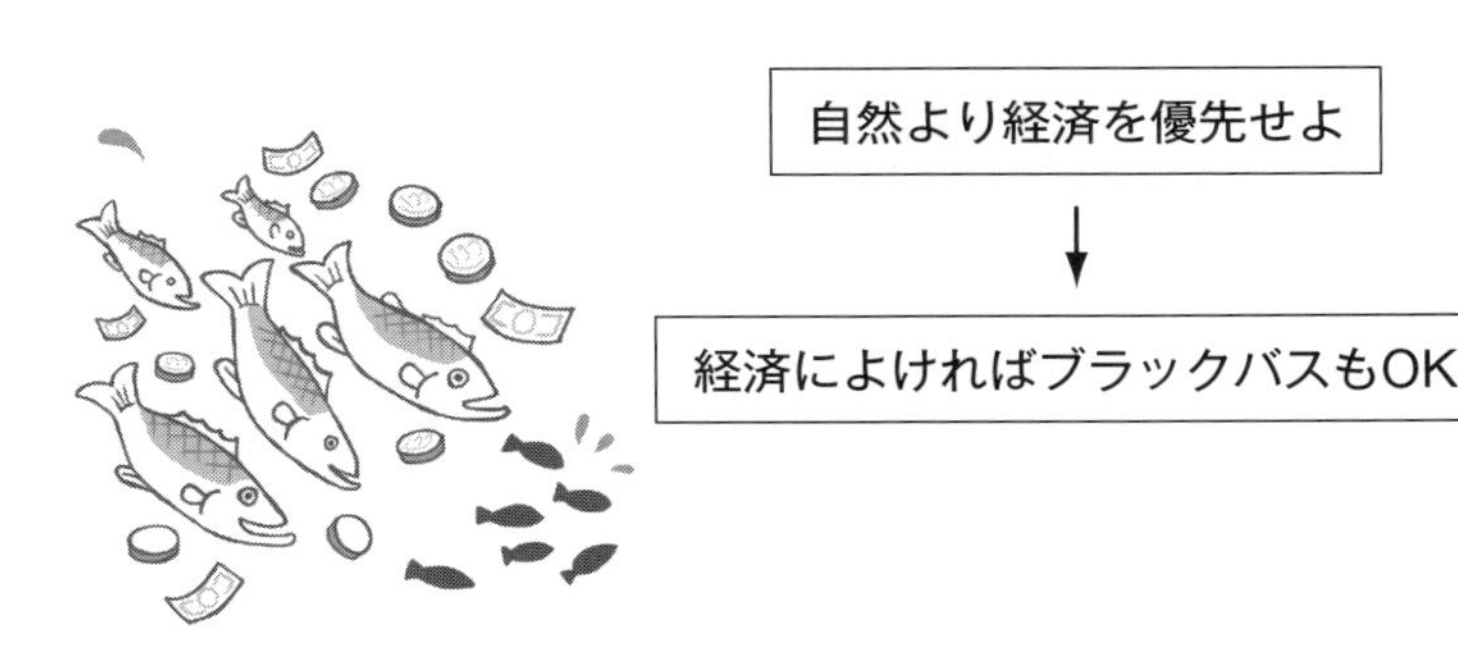

COLUMN 4

原因と結果を混同しない

「ため息をつくから幸せが逃げる」は、よく言われます。でも、よく考えれば事態は逆。不幸せな出来事があったからため息をつくので、ため息をついたから不幸になったわけではありません。

これは**原因と結果を混同**している言い方です。こんな言葉にだまされて、「気持ち次第で世界は変わるのよ」などという甘いささやきを簡単に信じてはいけません。

あるいは「武道を必修化すれば性犯罪が減る。悪い奴が襲いかかっても、やっつけられるからだ」という主張もよく言われますが、これも間違っていることはすぐ分かります。なぜなら、必修化されれば「加害者」も、当然、武道を学んでいるからです。「人を襲うことばかり考える人間」は、抵抗されたらどう反撃するかもとっくの昔に考えているでしょう。としたら、性犯罪が減少するはずがありませんね。**最後まで、きちんと考えないと、こういうトンデモ議論にだまされる**ので気をつけましょう。

第 5 章

「なるほど!」と思わせる

読む人のニーズを予測して書く

9 問題と根拠はしっかりと①

結末は早く、根拠はゆっくり

■全体の結末を早く知らせる

現代人は何かと忙しい。だから、何か話したり書いたりすると、すぐ「君の言いたいことは何か？」といらいらします。もちろん嘆かわしいことかもしれませんが、周囲からつねに「急げ、急げ」とせき立てられるからしようがないのです。

ですから、文章を書く方としては、そういう読者の希望もかなえて書き上げるしかない。つまり、**言いたいこと＝結論を問題のすぐ後に置いてやればいい**のです。そうすれ

■読む人のニーズを考慮しない書き方の例

元の文 ▶ 学生時代に、テレビニュースでアフガニスタンやイラク戦争の同じ地球上にあるとは思えない悲惨な光景を見て、なぜ人類は武力紛争を止められないのかと思った。対立の原因となる宗教、慣習、思想などを探り、世界情勢を差別や偏見のない目で正しく判断できるようにしたいと考え、**政治学科で比較地域研究を中心に学んだ**。

ば、少なくとも何が書いてあるか、は冒頭の数行を読むだけで足りるでしょう。

前ページ下欄の文例は「あなたは学生時代に何を学んだのですか?」という問いに対する文章です。志望理由書などでよく聞かれますね。いろいろ経緯が書かれていますが、言いたいことは結局「政治学科で比較地域研究を中心に学んだ」ことです。それなのに、テレビで見たことなどが書かれているので「早く先に進まないかな」といらいらしてくるのです。逆に、下の改善文では、その「政治学科で比較地域研究を中心に学んだ」が最初に置かれ、それから細かい経緯が言われる。こちらの方が圧倒的に読みやすいのがお分かりですね。

■読む人とスルーする人を分ける

これは読者を選別するためです。「こんなことに興味はない」と読者が判断したなら、さっさとスルーして別の文

■忙しい人の立場を考える

> **改善文 ▶** 学生時代は、**政治学科で比較地域研究を中心に学んだ**。テレビでアフガニスタンやイラクなどの戦争の悲惨な光景を見て、なぜ人類は武力紛争を止められないのかと思ったからだ。対立の原因となる宗教、慣習、思想などを探り、差別や偏見のない目で、正しく判断できるようにしたいと考えたのだ。

章に移ってもらう。「面白いかも…」と感じた人にだけ、先を読んでもらえばいいのです。

興味を持ったら、細かいデータや情報に反応するし、面倒なことでも丁寧に説明すれば「親切だ」と喜ぶ。当然、評価も上がる。でも興味のない人なら、同じことをやっても「何細かいことばかり言っているんだ?」「訳の分からないことを並べるな!」「肝心なことを言え!」などと怒り出す。

■評価は分かりやすさで決まる

評価がプラスなのが一番良いのですが、評価ゼロでもマイナスよりはマシ。世の中には、いろいろな興味の人がいますから、諦めて別の人を探せばいい。でも、評価がマイナスになり、ねちねちとされて文句付けられたらサイテーです。

そういうことにならないように、大事な内容はできるだ

■時間がない人に、読む時間をなるべくとらせない

現代人は忙しい	→	大事な内容を早く分からせる

け、初めに出しておきましょう。極端なことを言えば、題名さえ見れば何が書いてあるか、分かるようにすればいい。科学者やエンジニアは、他人の論文を読むべきかどうか、まず題名に自分の専門分野のキーワードが入っているかどうか見て、それがないものには初めから目を通さないと言います。

■題名に言いたい内容を入れておく

だから、**題名も、なるべく内容が的確に分かる方がいい**。もちろん、内容さえ分かれば、いくら長くてもいいわけではない。短くしつつ、内容を分からせるせめぎ合いになっている。たとえば『男と女』という題名では、男女二人がどういう関係なのか、まったく分かりません。でも映画なら、だいたい恋愛か情事かなと見当がつくので、こういうタイトルでもOK。もし『危険な関係』なら、同じ恋愛・情事でもぐっと緊迫感が増すはずです。

■文章冒頭の効果を意識する

読者への効果	評価
引きつける	プラス
スルーさせる	ゼロ
いらいらさせる	マイナス

9 問題と根拠はしっかりと②

精神論・決まり文句で飾り立てない

■ありきたりの表現で終わらせない

ありきたりの表現や決まり文句で、文章を締めくくる人がいます。せっかくだから、重々しくまとめたい、と思うからでしょうか？　でも、**決まり文句を使うと、文章が陳腐な印象になる**のです。「陳腐」とは、平凡で誰でも言いそうな、何度も言われて手垢にまみれた表現のことです。

たとえば、結婚式の祝辞では、新郎はだいたい仕事熱心で前途有望、新婦が美しくたおやか、二人で幸せな家庭を築いてほしい、と言われますが、これは仕方がないでしょ

■当たり前のオチにしてしまった例

元の文 ▶ 久しぶりに会ったとき、フィリピンバーに連れて行かれたこともありました。そういう遊びがやや苦手な私と違い、君は陽気に周囲に酒をつぎ、器用にカラオケを歌い、ホステスたちと談笑していました。都会でスマートに楽しむ方法を、遊び上手な君は伝授してくれたのかもしれない。**賑やかで、友人思いで周囲に気を遣う人でした**。

う。そもそも、まだ結婚生活がどうなるか分からない。物議を醸すようなことを言って、後々問題化するのも困るので、あえて無難な表現を使っておくわけです。

■ちょっとだけ独創性を目指す

でも、お葬式の弔辞だったら、それでは、逆にもの足りない。人間の生涯は唯一無二のものです。その人の生きてきた道筋を振り返り、人柄とかけがえの無さを確認してたたえるのが弔辞。だから「惜しい人を亡くした」と言えるわけです。

そういう機会に「真面目に働いて家族を守り、町内会にも熱心に参加し、皆に慕われた」などとよくある表現を並べても、参列者は熱心に聞いてはくれません。

むしろ人の知らないようなエピソードを掘り起こし、故人の知られざる一面を伝えるべきでしょう。とはいってもけっして否定的ではなく、どこかほほえましさを残す。タ

■少しでいいから独創性を出す

> **改善文▶** 久しぶりに会ってフィリピンバーに連れて行かれた。私はちょっと戸惑った。しかし君は陽気に酒をつぎ、カラオケを歌い、ホステスと談笑する。その仕草には微塵もベタツキやイヤラシサがない。「こんなふうに楽しむものなんだ」と初めて了解した。**人情の機微を察し、場を盛り上げ、他人が楽しむのを楽しむ。君はそういう人だった。**

モリは赤塚不二夫の葬儀でこんな弔辞を読んでいます。

赤塚先生は…マージャンをするときも、相手の振り込みで上がると相手が機嫌を悪くするのを恐れて、ツモでしか上がりませんでした。あなたがマージャンで勝ったところをみたことがありません。その裏には強烈な反骨精神もありました。あなたはすべての人を快く受け入れました。そのためにだまされたことも数々あります。金銭的にも大きな打撃を受けたこともあります。しかしあなたから、後悔の言葉や、相手を恨む言葉を聞いたことがありません。

しみじみとした文章ですね。マージャンの上がり方というほんの些細な話題から、赤塚不二夫の底なしの「やさしさ」を浮かび上がらせている。

■安全策をとるか、ちょっとだけ冒険するか？

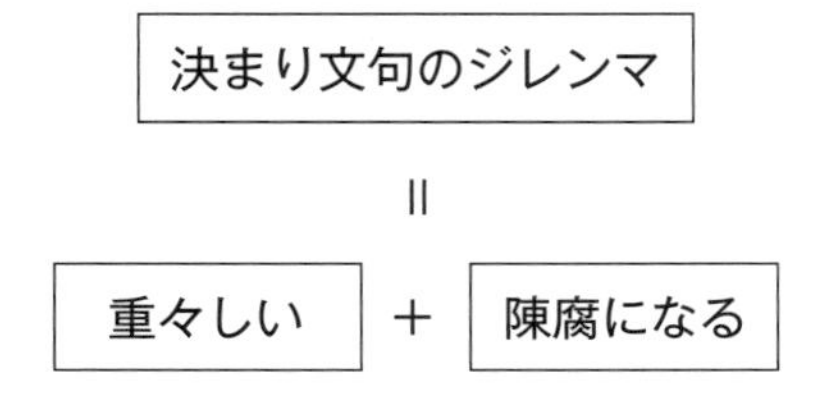

■あえて常識をひっくり返す

しかも、あえて「だまされたエピソード」にも触れ、それを「相手を恨む言葉」を聞いたことがない、とひっくり返す。故人の懐の深さと広さを感じさせます。でも、これが、ただ「優しい人柄」とか「懐が深い」などよくある表現を使っていたら、これほどの「しみじみ感」は出てこなかったでしょう。

136・137ページ下欄の弔辞の文例では、タモリほどうまくはいきませんでしたが、あえて「フィリピンバーに行く」場面を取り上げてみました。キモは、たんに「友人との親しい交友関係」に終わらせず、自分と友人の態度の違いを浮かび上がらせ、周囲に気を使うパーソナリティをほめる、という流れにしたところです。**細部を充実させれば同じエピソードでも違った意味を持ってくる**はずです。

言葉と体験は二本立てで意味を持つ

■ まとめの言葉が大切

前節の弔辞の続きがどうなりそうか、見てみましょう。

137ページ下欄の改善文では、そのエピソードを「他人が楽しむのを楽しむ」という言葉でまとめていますね。

何でもそうですが、具体的な出来事は、どういう言葉で意味づけるか、が決定的な意味を持ちます。**言葉の選び方で、具体的な出来事の印象やとらえ方が異なってくる**からです。論理的文章では、根拠が理屈と例示の二部分に分かれて、読者を説得する仕組みになっているのですが、それ

■簡単な意味づけに終始した文例

元の文 ▶ 君は人生を十二分に楽しんだと思います。たくさん飲み、たくさんしゃべり、そして仕事にも一生懸命でした。私は経営のことは何も分からないけど、**社員とも一生懸命にコミュニケーションを取って**、慕われていたと聞いている。その意味で、幸せな人生だったと思います。

と同様に、こういう文章でも、エピソードはその意味づけと一緒になって、はじめて力を発揮します。

■芋づる式に次が出てくる

もし「他人が楽しむのを楽しむ」という形で意味づけすると、当然、そこから「楽しむ」という関連が強調され、仕事も遊びも楽しんだ、という記述が芋づる式に出てきます。前にも書いたように、ある言葉を使うと、それに関連した事柄に焦点が当たり、次々に出てくるからです。だから、その証拠となる「コミュニケーション」とか「慕われていた」とかいう評価につながってくるわけです。

しかし、この意味づけでは、何となく「ありきたり」の感じがしませんか？　「人生を楽しんだ？　ふーん良かったね」くらいの感じです。それに対して、フィリピン・バーのエピソードの意味づけが「人情の機微を察し…介入し…盛り上げ、周囲がエンジョイしだしたら、それを見守る」

■似た材料でも表現で印象は変わる

改善文 ▶	私は経営のことは何も知らないけど(「オレも知らないよ」とすぐ君に言い返されそうだけど)、経営はけっこう君に向いていたのかもしれない。何よりも、人といることを楽しみ、人と楽しむことを知っていた君だ。仕事でも、きっとそのやり方を貫いたに違いない。自分にこだわるより、**周りに心を砕き、それが自分のスタイルともなっていた人**だった。

というものだとしたなら、当然、それに続く部分も変わってきます。

「人といることを楽しみ、人と楽しむことを知っている」「自分…にこだわるより、周りに心を砕き、それが自分のスタイルともなっていた」という描写とつなげることができる。他人への気配りができる人であり、それが無理なく自分のスタイルにつながった人だったという評価につながるのですが、「他人への気配り」がそのまま「自分の生き方」であり、それを楽しめている、というあり方はけっこう希有（けう）です。この人のユニークな感じが少し出てきますね。

■意味づけに凝る

だから、**印象的な文章にするには、具体的経験の意味づけに凝る必要があります**。うまく意味づけすれば、平凡な出来事からでも、非凡な印象が生まれてくる。

そもそも、人間が経験するような出来事は、そう違いが

■材料に違いがなくても、意味づけを変えれば、印象は変わる

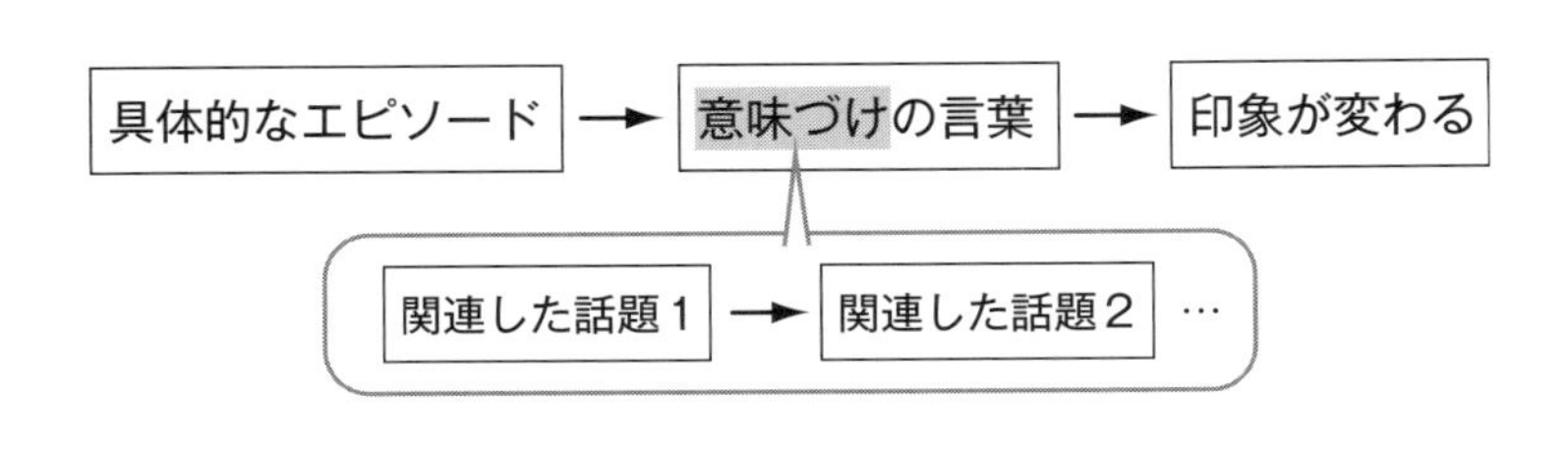

あるものではありません。生まれて、成長して、仕事を始めて、あるいは成功し、あるいは失敗し、また挑戦し、家族を作り、それなりの成果を出して、老いて死んでいく。基本線は同じようなものなのです。むしろ、その変化をどのような言葉で捉えるかが問題なのです。

もちろん、普通できないような、とんでもない体験をする人もいないわけではありません。しかし、その数はけっして多くありません。そんな経験をした人に出会うことは、むしろ珍しいことであり、それにあまり頼ることはできません。

体験とは、文章の素材に過ぎません。料理の仕方で平凡な素材もびっくりするような一皿になる。それと同様に、**素材だけに頼らず、その意味づけを変えることで、かけがえの無さを表現する**ことができるのです。

■「かけがえの無さ」は意味づけの仕方で決まる

9 問題と根拠はしっかりと④

面白さが説得力になる

■まとめの言葉が大切

結局、文章は「面白さ」をどう作り出すか、にかかっています。これを「独創性」と言います。

たとえ、弔辞のように「つきあいで、書かなければならない文章」でも、「これなら、まあいいか」とありきたりの表現を並べるようでは、尊敬する友人や先輩にあまりにも失礼です。その人と同じ人は、もう二度と生まれることはない。「唯一無二」の人なのだから、文章も、その「唯一無二」性を伝えねばなりません。

■聞いているうちに簡単に先が読める展開

元の文 ▶	**そんな君が本を書かなかったのは残念です**。よい本を書けたはずです。「楽しいこと・面白いこと」が好きだったから、それをまとめたら、面白い読み物になったような気がします。

これは弔辞に限りません。我々の身に起こることも、もう二度と起こることがない「唯一無二」の出来事です。アイデアだって同じです。としたら、その**唯一性を何とかしてアピールしなければなりません**。

■違いを際立たせる

そのためには、他との違いを際立たせる。どこが他と違うのか、どこに注目すべきか、どんな小さなことでも、書き方次第で他にはない「面白さ」が作り出せます。そのために、他がどういうものなのか手際よくまとめて、「それに対して」などの対比表現を使ってユニークさを強調する。

下の**改善文**は、先の弔辞の一部分。もともとは文学が好きだったのに、いつの間にか経営の道に入ってしまった友人を「本が書けなくて残念だ」と言うのではなく、「作家」と対比して、その資質がむしろ経営に向いていた、と**ひっくりかえしてオチをつけて印象づける**わけです。

■結末で意味をひっくり返す

改善文 ▶ きっと、君が本を書いたら、よい本を書けたと思う。ただ、君の創造性は、自分の表現を追求して突き詰めるスタイルではなかった。文字の世界に立てこもるのではなく、果敢に現実に飛び込んで「もっと楽しいこと・面白いこと」を提案する。ユーモアとウィットで鮮やかに調整していく。**その意味では、経営は天職だったのかもしれない**。

10 相手の気持ちを予想して書く①

対立は立ち向かうばかりが能じゃない

■ 矛盾を指摘する

相手に対して反対意見を述べることは、必ずしも立ち向かうことを意味しません。いちいち立ち向かわなくても、とりあえずその言葉の成り立ちを吟味するだけでも、相手の立場が自然に崩れることもよくあります。

下の文例を見ましょう。こういう「若者世代」批判はよくありますね。でも、これは間違い。なぜなら、恋愛ゲームばかりするから恋愛がうまくできないなら、同じ理屈で「暴力的なゲームばかりで暴力をふるえない」はずです。

■理屈の矛盾を指摘する

元の文 ▶	恋愛ゲームばかりやっているから、本当の恋愛ができなくなるんだ。
↓	
反対する文 ▶	では、暴力的なゲームをやっている人は、暴力的になれないよね。平和でいいですね。

逆に「暴力的なゲームをやると暴力的になる」なら「恋愛ゲームをやったら恋愛上手になる」はず。これでは批判できない。矛盾してしまうわけです。

このように、理屈をちゃんと展開すると、とんでもない矛盾が出てくることがよくあります。逆ギレされても、周囲に間違っていることが知れわたるので相手の信頼度は下がる。正面から対立するより、ずっとスマートなやり方だと思いませんか?

■理屈を軽視する人は信用ならない

理屈は誰にとっても同じように働く。きちんと理屈立てれば、結論の正否は相手にも自然に分かる。だから、相手の人格を否定することにはならない。それでも、間違いを認めない人に対しては、また別の方法が必要になります。でも、その前に、より穏健な方法を試しておいても損はないでしょう。

■原因と結果を取り違える表現にだまされない

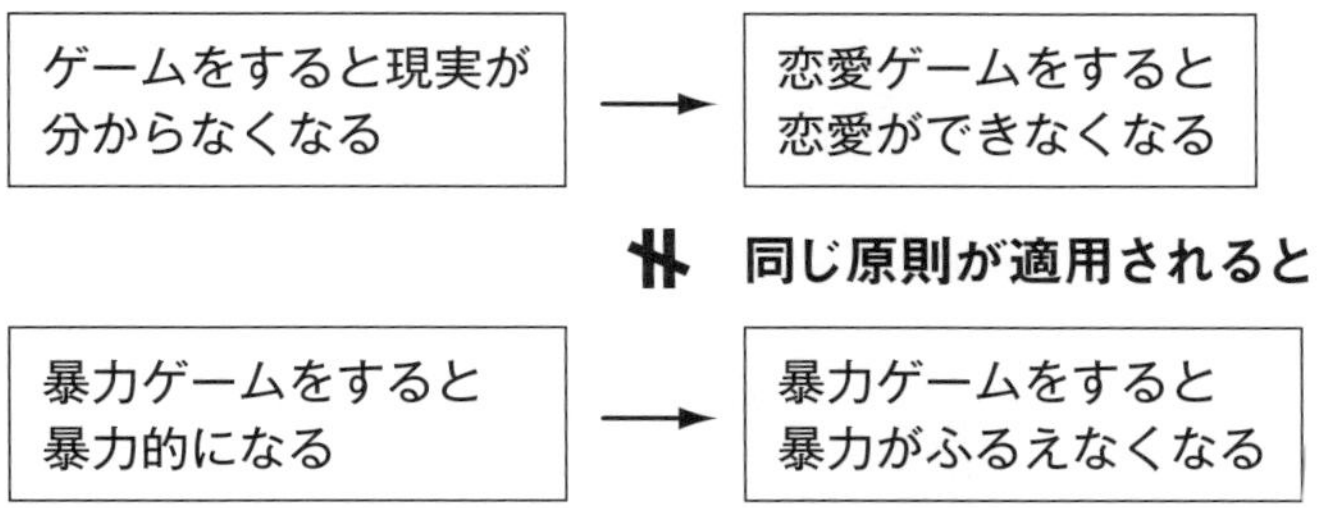

ゲームをすると現実が分からなくなる	→	恋愛ゲームをすると恋愛ができなくなる
	⇊ 同じ原則が適用されると	
暴力ゲームをすると暴力的になる	→	暴力ゲームをすると暴力がふるえなくなる

10　相手の気持ちを予想して書く②

八方美人では仲よくできない

■八方美人・八つ当たり戦略は有効か？

対立があったとき「どちらの気持ちも分かる！」というフレーズは人気があります。「君がそう言いたくなるのはもっともだ」と対立する両者に言う。とりあえず、自分はどちらにも対立しなくてすむので便利ですね。

ネガティブ版として「どっちもどっち」もよく使われます。こちらは、両者ともに否定して、自分だけ一段高いところから見下ろす。「どっちも興奮しているだけで、バッカみたい！」。女子高生とかが言いそうですね。若い女性

■対立から逃れると、さらにひどい結末に陥る

元の文 ▶ 差別発言（ヘイトスピーチ）を禁止せよと言うのは、言論の自由の侵害だという人がいる。それに対して、差別発言は人権侵害だから禁止すべきだという人もいる。**どっちもどっちだ**と思う。

↓

改善文 ▶ 差別発言を禁止せよと言うことは、言論の自由の侵害だという人がいるが、その理屈だと「お前なんか殺してやる」と言っても**脅迫罪にならないわけだ**。**それでいいのか？**

から言われたら、オジサンは落ち込んでしまうでしょう。

■問題・解決から遠ざかる表現

ただ、この**「八方美人」「八つあたり」的な言い方は、問題解決には役立ちません**。なぜなら、問題は「どちらを選ぶか?」「どちらが正しいか?」という形で表れることが多いのですが、「どちらの気持ちも分かる!」は、「どちらを選んでもいい」「どちらも正しい」という意味になり、決着が付かないからです。決定や判断を避けて、同感・共感のモードにビミョーに変えているのです。

「どっちもどっち」も同様です。両者をいっぺんに斬って捨て、いかにも客観的なようですが、問題の解決は置き去り。実際「どっちも興奮していてバッカみたい」は、問題・解決を判断・評価するのではなく、対立している両者の態度がダメだ、と焦点をずらしています。両者とも「イケていない!」と、美醜の問題に変え、そもそも、こんなくだ

■八歩美人的発言は、事態を解決するか?

両方肯定		両方否定
どちらの気持ちも分かる	vs.	どっちもどっち

らないことで争っている人間性がダメなんだよと言う。

■「人それぞれ」は議論を無効にする

これらは「相対化」の方法です。「相対化」とは、どちらがよりよいとか、より正しいとか、あるいは、よりましか、というような価値判断をしないで放置するあり方です。「人の立場・意見は人それぞれなのだから、それでいいじゃないか？」という立場、あるいは「それぞれバカなんだから、どれをとっても同じじゃないの？」という立場。「お得な」気がしますね。

ただ、たんなる相対化は何も解決しない。誰かが「私はこう思うけれど、人それぞれ、いろいろな考えがあると思うし、それでいいんじゃないか」と言い出したとたんに話し合いは終わります。なぜなら、意見を言ったり話し合いをしたり、切磋琢磨する意味がなくなるからです。「人それぞれ」なら、話し合っても「よりよい」解決を探す必要

■話し合いを避けると、もっとひどい結末が待っているだけ

はなく、話し合いは時間の無駄です。

■相対主義は無秩序に陥る

相対主義は結局、無秩序に陥ります。たとえば、冒頭の「差別発言の是非」では「差別発言は言論の自由があるから規制できない」とすると、つまり「差別発言はやった者勝ち」になります。それがイヤなら、実力で差別発言をさせなくするほかなくなる。つまり、差別発言した人間をぶん殴る。当然、差別発言したい人たちも実力で対抗するでしょう。これでは、暴力・実力が蔓延するだけです。

実際、この問題は、この通りに事態が進行しているようです。話し合いで解決できないから、実力行使が手っ取り早くなり、ますますエスカレートする。「よりよい解決」を探求するのをサボったら、それにふさわしい「より悪い結末」が待っているのです。

10 相手の気持ちを予想して書く③

共通性を探して検討する

■批判されたら、どう擁護する?

ピカソの絵をご覧になったことはありますか? 彼の絵を「分からない」と言う人がいます。「構図もグチャグチャで色も汚いし、ちっとも似てないし…。どこがいいのか、君だって分かっていないのでは?」

それに対して、事情通は「ピカソは、本当は技巧派です。若いときの絵なんてモデルそっくり。それが、わざとああいう絵を描いているからすごい」と擁護する。一瞬、分かった気になるけど「じゃあ、なぜわざと下手に描くの

■双方とも、実は「似ている絵はいい絵だ」とこだわっている

元の文 ▶ ①ピカソの絵は子供が描いたみたいで稚拙だし、ちっとも似ていない。なぜ傑作と言われるか分からない。きっと皆も分からないままほめているんだ。
②ピカソは、本当はチョーうまい画家で、モデルそっくりに描ける。それをわざと子供が描いたみたいに描くからすごいんだ。

か？」と納得できない……この擁護は間違っています。なぜなら、これは「ひいきのひき倒し」だからです。**擁護しているつもりで、実は批判的な人の思い込みを強めるだけ。**ピカソの絵の価値を分かっていないのは同じなのです。

■対立には共通点がある

この二つは「批判」「擁護」と対立するようですが、実は共通点があります。それは両方とも「テクニックがうまい」のと「モデルに似ている」のがいい絵だと考える点です。でも「モデルに似ている」のは、それほどすごいことでしょうか？　たしかに「そっくりに描く」のは、それなりの修練が必要です。だから「そっくり描ける」人を「すごい修練だ！」と感心する。

でも、逆に言えば「そっくりの絵」は修業を積めば誰でも描けるのです。「そっくりに描かれた絵」は「ああ、技術がスゴイね」で終わりです。それに、現代では「そっく

■対立している意見には実は共通のダメさがある？

> **改善文▶** ピカソの絵はたしかにモデルに似ていません。でも「そっくり」がいいなら写真でOKなはず。むしろ「どこがいいのか？」と見て考え**「そもそも、絵の面白さとは何だろう？」と考えるきっかけ**になるなら、十分絵として面白いのでは？

り」が欲しければ写真でいい。手間暇かけて手で描く必要はありません。では、画家は全員廃業して写真家になるべきか？　絵は美術館から廃棄して、代わりに写真を並べたらいいのか？　でも、誰でも「そっくり」にできるなら、そもそも美術館なんていらないでしょう。

いい絵はテクニックがすごくて、モデルに似ている

↓

写真を見た方がいい

↓

絵を見る必要はない、美術館も不要

こうやって理屈を押し進めると、何だか話がおかしくなる。じゃあ、なぜ美術館なんてものが今でもあるのか？　誰でもできるものなら、その技術に感心する人はいません。どうも、絵を見ることは「技術が素晴らしい」と感心するためではなさそうです。

■対立する意見には、実は共通の前提がある

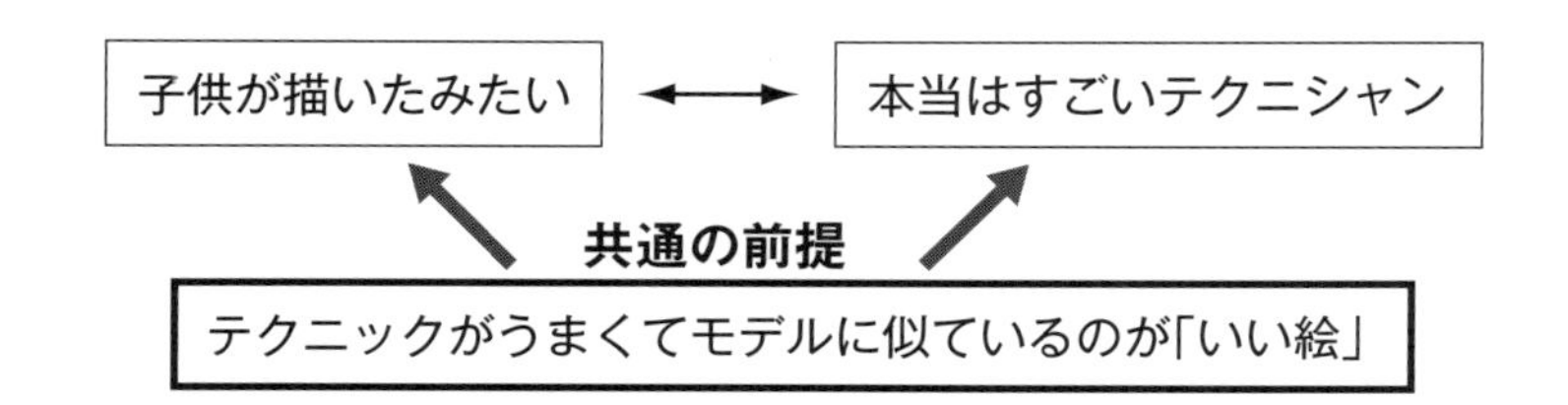

■私たちはなぜ絵を見る／描くか？

では「絵を見る／描く」ことに、どういう意味があるか？　ピカソはいろいろ実験して、形を崩してみたり色を単純化してみたりモデルに似せなくしてみたり……それでも、ちゃんと絵と評価され「ピカソはすごい！」と言う人が続々と出てくる。だったら、ちょっと反省しても良いはずです。もしかしたら、その工夫のすごさに気づかず、「そっくり」にこだわっているのは「私」だけ？……こんなふうに思わせてくれるから、彼の絵は「いい絵」と言われるのです。

対立している意見は、実は本質的にはダメな共通点があることが多い。そこを指摘すれば、「どちらもダメだ！」といっぺんに斬って捨てることができます。これも意見の対立を処理する有効な方法です。

■共通の前提を否定すれば、新しい意見を出せる

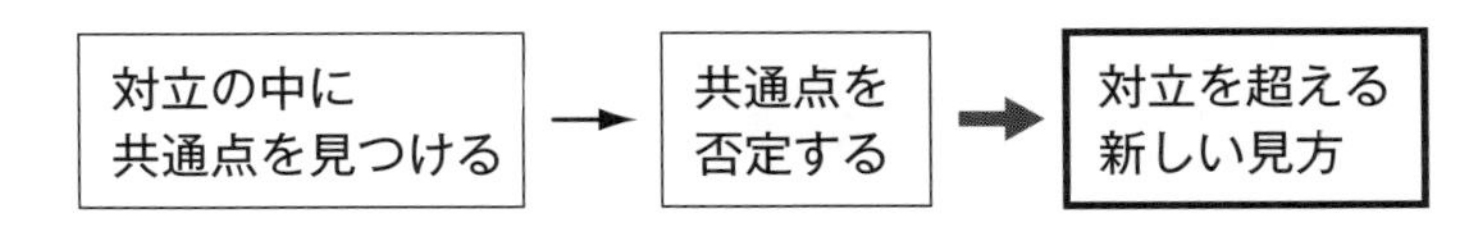

10

相手の気持ちを予想して書く④

一緒に悩む、協働して解決に当たる

■対立は裁判で解決できる？

裁判は、対立・紛争の究極でしょう。二つの主張が食い違い、どちらかの利益が侵害されるときは、しばしば「じゃ、裁判で白黒付けよう」となります。

しかしながら、裁判は必ずしも有効ではありません。むしろ、**裁判をすると、かえって真実から遠ざかる**ことが多い。典型的な例は「医療裁判」。治療の最中に、患者が亡くなって「医療ミスじゃないか⁉」と家族がクレームをつけた。病院側は頑として認めない。「じゃあ裁判だ！」と

■責任回避の主張は、かえって問題を複雑化する

元の文 ▶ 思いもよらない問題が起こってしまいました。ただ、我々は今まで最善を尽くしており、これはやむを得ない事態と考えられます。どうしてこういう事態になったかただいま精査していますが、今のところ、**処置の落ち度などは見つかっていません**。**後のことは、弁護士が対応することになります**。

なったら、その時点で失敗です。

なぜか？　裁判に勝つために、自己保身と相手への攻撃がなされるからです。医者は不利になりそうな証拠を隠し、事故の原因が分からなくなる。家族は疑心暗鬼で厳しく追究する。それが、医者側をますます硬化させ、さらに情報を開示しなくなる……こんな中で判断が下されるから、起こったことはウヤムヤになり、双方とも不満を募らせる。

■対立ではなく、協働に持ち込む

つまり、**対立の激化は必ずしも事態の解決につながらない**のです。むしろ、対立に持ち込まない方がより真実に迫れる。たとえば、ハーバート大学病院『医療事故マニュアル』では、事故が起こったとき、最初に必要なのは責任回避ではなく「同情と謝罪」だと言われています。

前ページ（下欄）の文例は、事故直後の病院側説明で、焦点は自分たちの責任の有無にあります。これでは「責任

■共通の目標を一緒に考える

改善文▶ こういう問題が起こって残念です。深くお詫び申し上げます。状況改善に全力を尽くしますが、なぜ、こういう事態に至ったかは、我々もまだ把握できておりません。精査して何か分かったらすぐお知らせいたします。お気づきになったことは、どんな小さなことでも、お知らせいただけると調査に役立ちます。**最善の処置がとれるように、ぜひ、ご一緒に考えさせてください**。

逃れ」と解釈され、対立関係が生まれやすい。

それに対して、**改善文**では、まず「同情と謝罪」があり、情報開示を約束し、相手の協力を呼びかけています。つまり、対立ではなく**協働という枠組みで**話が始まっている。だから、相手の責任に注意が向かうのではなく「原因の解明と効果的な処置」という**共通の目標が設定され、互いに協力して一つの目標に向かう**。

■危機管理の論法を学ぶ

これが、危機が起こったときの対処法です。こじれると、どちらにとっても不本意な結果になる。その結果「裁判に勝ったけど損害を被った」ことになりかねません。たとえば、自動車会社アウディは、アメリカで「欠陥車」が疑われたとき「当社には非がない」と頑として主張し、裁判で争いました。結果として欠陥がないと証明されましたが、その間（裁判後も！）売上げは大きく落ち込んだそうです。

■対立状況が極端になると、利益の奪い合いになる

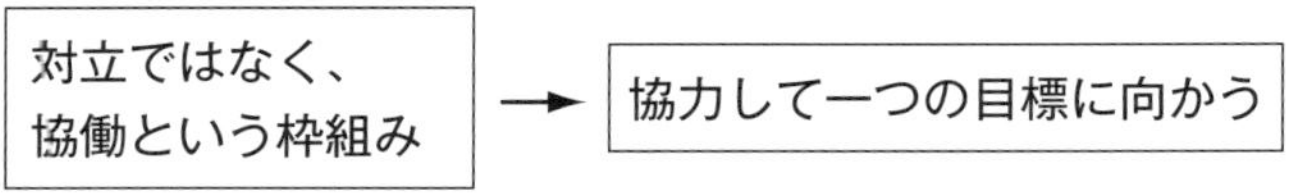

対立ではなく、 協働という枠組み	→	協力して一つの目標に向かう

それに対して、トヨタのブレーキの不具合が疑われたときは、社長が米議会で直接謝罪し、問題の車種のリコールをアメリカ全土で実施しました。すると、一時的に非難の声は弱まり、そのうちに「ブレーキとアクセルの踏み違え」が原因である可能性が高まり、問題は収束しました。どちらがビジネスとしていい対処であるかは明らかです。

■問題状況ではまず協力を考える

人間社会では、誰かが警告を発し、異議申し立てをし、問題状況を作り出す。それが、専門家などのバック・アップを経て、明確な問題として表れる仕組みになっています。そのとき、対立だけに目を奪われ、自分の利益を守ろうとすると、間違いを犯します。最初になすべきは、対立を当事者が協力して解決する状況に置き換えること。そうすると、問題を客観的に観察できる。問題解決には、**対立ではなく、協力体制をアピールすることが重要**なのです。

■問題が激化する前に、解決の体制を整える

著者紹介

吉岡友治（よしおか・ゆうじ）

カリスマ文章指導者

1954年宮城県仙台市生まれ。東京大学文学部社会学科卒、シカゴ大学人文学科修士課程修了、比較文学・演劇理論専攻。代々木ゼミナール講師を経て、インターネット講座「VOCABOW小論術」校長。ロースクール・MBA志望者などを対象に文章、論理の指導を行うほか、企業でもロジカルライティング指導を行っている。論理的でありながらも、ユーモアがあり、親しみのある文章作成指導には定評がある。

おもな著書に『シカゴ・スタイルに学ぶ論理的に考え、書く技術』（草思社）、『反論が苦手な人の議論トレーニング』『東大入試に学ぶロジカルライティング』（いずれも筑摩書房）、『大学院・大学編入学 社会人入試の小論文　思考のメソッドとまとめ方』（実務教育出版）など多数。

VOCABOW小論術　e-mail:office@vocabow.com

超解 文章が面白いほど上手に書ける本　〈検印省略〉

2017年　2　月　26　日　第　1　刷発行

著　者——吉岡　友治（よしおか・ゆうじ）

発行者——佐藤　和夫

発行所——株式会社あさ出版

〒171-0022　東京都豊島区南池袋 2-9-9 第一池袋ホワイトビル 6F

電　話　03 (3983) 3225（販売）

03 (3983) 3227（編集）

F A X　03 (3983) 3226

U R L　http://www.asa21.com/

E-mail　info@asa21.com

振　替　00160-1-720619

印刷・製本 美研プリンティング（株）

乱丁本・落丁本はお取替え致します。

facebook　http://www.facebook.com/asapublishing

twitter　http://twitter.com/asapublishing

ISBN978-4-86063-974-7 C2034